123456789

艾莉絲
的靈數密語

Iris's

Magic Numerology!

艾莉絲 著

目錄

Chapter ② **生命靈數：愛情速配篇**

Chapter **3** **生命靈數：2018 星座運勢篇**

Iris's
Magic Numerology!

前言
探索生命密碼的奧祕

　　『你以怎樣的能量活著，宇宙就回應給你怎樣的人生；能量即是愛。』
宇宙是個能量場，連結了眾生萬物之間的存在、互動和秩序，而你，就是最
獨一無二的宇宙能量體！從人類授胎、啟動心跳和開始呼吸的那一瞬息，上
天在你的細胞記憶中開始傳輸專屬的命運 DNA 程式，直到你誕生到地球上，
在日月星辰見證下，你開始擁有了屬於自己的命運。

　　先天基因遺傳突顯了不同的性格與氣質，而命運 DNA 密碼則乘載了累
世的因果際遇，你為自己選擇了生命劇場，不受任何時空限制，深深共振著
你的過去、現在及未來。數字，即是能量與頻率，驅動著生命、影響起心動
念、思維及行為模式。每一個數字能量，都擁有不凡的天賦及心性特質。

　　生命靈數盛行數千年，歐美更是風行希臘占數，最廣為流傳的起源是由
數學家及哲學家畢達格拉斯（Pythagoras）所提出的『畢氏定理』，利用數學
公式及統計學發明『原數力量開運術』，解讀了不同出生年、月、日的特質。
數字的奧祕全世界皆通用，不僅影響神祕學的發展，更被廣泛應用於心理、
藝術文化、醫藥、生活科學等範疇。

投入命理占星卜數十多年的時光裡，閱讀了許多個案的生命故事、透視各類靈魂課題，每一個經過生命中的旅人，讓我活出了感恩，深深祝福且心疼很多人對人生始終迷惘、受困象牙塔而不自知、擁抱著過不去的痛、狠抓著不屬於你的愛、在心靈黑洞裡盲目撞擊、放不下也捨不得……。

我想以這本『生命靈數』為主題的工具書，在結合占星卜數的概念下，引領大家透過簡單又精準的方式來了解自己及協助身邊的朋友。其實『生命靈數沒那麼簡單』，不單只有1~9而已，本書將協助你透過不同的內、外靈數組合，認識數字能量的天賦潛能及學習課題，成為你生命藍圖的實用指南。

其實，在艾莉絲團隊深入研究下，每個人皆擁有『三個』DNA數字（內靈數、外靈數、終極靈數）、『三組』DNA條碼組合，以及有『三副』DNA命盤（天盤、地盤、人盤）。天盤：以出生年月日及生辰所排盤、地盤：以身分證字號及神祕風水編號所排盤、人盤：以手機號碼所排盤。合參天、地、人三合一的 3D 立體命盤，更能掌握天賦基因、後天潛能、生命課題、命盤劇場、流年運勢、幸運能量及業力挑戰，進而知命、運命、造命，使用命理工具突破絕境及自我成長。

『生命靈數』—你專屬的命運 DNA，是上天獻給你最美的生日禮物，解開生命密碼，練習與自己對話，你將會感謝那些心碎與錯過，重新認識你是誰、你的夢想、你要的幸福人生、適合的靈魂伴侶、提昇事業與財運、可以怎麼做？走出迷霧森林，勇敢活出自我，即刻扭轉命運、創造幸福人生！

獻給～每一個正處在人生岔路口而奮力翻轉幸福的你。

生命靈數
概念篇

數字本身就是能量場，也是一個人格特質的學習與課題，當你迷惘時，它會是你認識自己、找到方向的最佳工具。

◎何謂內外靈數？

天地之始，本是陰陽所演化，生日也有天、地之分，從我們的國曆與農曆生日所推算，可區分為外靈數與內靈數。兩者同等重要，內外合一，才能體認陰中有陽，陽中有陰的真理。

關於外靈數與內靈數的概念，就像星座有太陽星座與月亮星座之別：外靈數就是太陽數字，代表的是陽能量，也就是植物性的能量；它展現的是一個人顯於外在的正向特質、對未來的展望，以及自己想要成為怎麼樣的人，並掌管著人生大事的劇碼，如情感、家庭、工作、人際等等。

而內靈數就像月亮數字，代表的是陰能量，也是人性的黑暗面特質，展現一個人隱藏於內的另種人格，也代表內建的情緒模式，在遇到壓力時，如何善待自己以及回應他人。內靈數掌管著過往的歷史、所有能量的源頭、過去記憶執著的糾結、靈魂的記憶點、生命中的課題、內心戲碼及待開發潛質等等。

外靈數與內靈數同等重要。不過,當外靈數搭配內靈數時,必須多留意內靈數的部分,因為當我們認識一個人的時候,先看到的大多是外靈數的特質,比較容易忽略隱藏的內靈數部分。

每一個靈數的人格特質都有他需要學習並覺醒的主題。從各靈數所展現出的不同特質與頻率,來觀看當事人是否活出了這個靈數應有的特性,還有哪些尚未掌握的智慧、待開發的天賦潛能等等。每個數字都有它基本對應的意義與特質。例如:單數靈數的人喜歡開創,能量向外,喜歡主動、獨立、開創、發展富彈性;雙數靈數的人喜歡活在舒適圈,能量屬於內隱式、比較被動、比較依賴,喜歡團隊、講究規律。

此外,在日常缺乏完整詳細命盤的情況下,你也能透過計算出內外靈數的組合,閱讀出這輩子與生俱來的天賦與禮物,以及生命中容易遇到的課題、挑戰與阻礙。每個靈數組合都有他們自己的生命故事,當你掌握了自己的數字能量,人生不再老是轉錯彎,你也會賦予它力量,勇敢地引領自己通往幸福的旅程。

◎內外靈數的算法

外靈數

*   將西元國曆的出生年、月、日數字全部相加，直到成為一個個位數字，該數字就是你的外靈數。

例如：小精靈的國曆生日是 1978 年 6 月 16。

$$\left\{ \begin{array}{l} 1+9+7+8+6+1+6=38 \\ 3+8=11 \\ 1+1=2 \end{array} \right\}$$

小精靈的外靈數是 2。

內靈數

*   將西元農曆的出生年、月、日數字全部相加，直到成為一個個位數字，該數字就是你的內靈數。

例如：小精靈的農曆生日是 1978 年 5 月 11。

$$\left\{ \begin{array}{l} 1+9+7+8+5+1+1=32 \\ 3+2=5 \end{array} \right\}$$

小精靈的內靈數是 5。

2

4

9

3

7

Chapter 1

生命靈數：
內外組合篇

外靈數 1～9 與內靈數 1～9 的搭配，

共有 9×9=81 種組合。

本章中會介紹不同內外靈數搭配的特質、

愛情觀、交友觀、職業工作觀，

金錢觀以及開運色、生命課題等等。

外靈數 1

人物形象： 孤傲的魔法師

人生課題： 『真正的領袖會灌溉雁群的心靈花園，而非
獨自翱翔』

　　數字1是原數，在幾何圖形中為一點，為第一序位，是創造能量的源頭，代表著開創、領導、獨立的力量。你喜歡創新，善於發揮原創的才華，常給人與眾不同的驚喜創意。1數的人格特質發展，從依賴、缺乏自信，到施展創造力的魔法，最後發揮直覺力、願意傾聽及同理對方立場。你是單純的乖小孩，常常一個口令一個動作，既固執也缺乏彈性，很重視原則以致難以妥協。你是重視事業也具領導才能的天生領袖，個性主觀、自我意識強、作風強硬，容易給人「自私」的誤解。你腦袋非常聰明，若堅持一意孤行，反而容易聰明反被聰明誤。

　　一隻脫離雁群而單飛的雁子，是無法飛得又高又遠的，一名成功的領導者，是需要團隊的支持與鼓舞，擁有共同目標的同行，會更容易且快速抵達目的地。在舞動雙翼的同時，除了相互支援專業技術、更需要彼此依賴和關愛的滋養，時時灌溉雁群的心靈花園。喜歡獨立作業的你，個性較孤僻、自我封閉，在遭遇困境時，要懂得適時求援，別悶著頭苦幹，如果你樂於協助他人，也學習願意接受協助，就能與團隊共享光榮成就。你的天賦潛能特別適合金融產業、顧問、業務、主管、律師、藝術家、導演、發明者、金工師等工作領域。

外靈數 **1** × 內靈數 **1** ——內外一致的獨立者

開運色：覆盆梅紅 ／ 生命課題：合作與歸零

　　你生性獨立、不喜歡依賴他人，頭腦簡單、思維單純，但個性容易自負，只要越是低調做人、高調做事，就越發光發熱。喜歡隨心所欲的簡單生活，覺得獨處最自在悠閒，不輕易為了別人而改變，除非對方的觀點能真正說服得了你。**觀事業**，喜歡獨立作業、立志創業，不愛打卡上班，也絕不為別人的夢想打工，適合成立個人工作室，或彈性接案的工作模式。喜歡開創的特質，若在演藝圈，適合擔任導演或編導。你不愛單調重複的工作，無法長久受限於固定模組中，有挑戰舒適圈的勇氣。**觀金錢**，屬於積少成多型的小氣總裁，容易省小錢花大錢，但是當你荷包滿滿時，也會很大方照顧身邊的人。**觀人際**，你忠於自我，個性較孤僻，人群中自成一格，對看不慣的人、事，會直接反應或拂袖而去，脾氣一上來，也不管對方是誰，橫衝直撞下得罪了不少人。你最大成就感來自將畢生心血投入事業的成果及帶給家庭穩定保障與圓滿生活。

　　在這世界上，你想成為什麼樣的人？是比你生來是什麼樣的人重要。你存在的意義，就是要創造你自己的生命！

外靈數 **1** × 內靈數 **2** ——開創事業的合作者

開運色：玫瑰果橘 ／ 生命課題：創意與表達

　　你外表個性剛烈，容易給人距離感，其實內在溫情柔軟，但心思敏感需要被肯定。你願意傾聽，也善於為人解決問題，個性較依賴、擅長溝通交流，腦波較弱、也容易被說服。卻也最難以捉摸，因為常常三心二意又挑剔，喜歡幫助人，但情緒善變又猶豫不決，容易半途而廢，常常讓人無所適從。要活出真正的勇敢與獨立，才會快樂，需要夥伴時，也要懂得適時求援，但要注意埋伏在身邊的暗小人。**觀事業**，適合團隊工作，平時會兼雙職收入才有安全感，不甘於單一事業，喜歡不斷開創合作機會。你善分析、文筆流暢也具藝術天份，適合作家、記者、研發、考古學家等工作。**觀金錢**，雖然平時摳門，但會因親友而破財，例如揪團團購…。你觀念比較保守，經常省小錢花大錢，但有合夥創業的投資觀念。**觀人際**，喜歡合作、需要朋友、熱愛群體生活，屬於『在家靠父母、在外靠好友』類型。

　　自我設限會讓人生多波折，你需要提昇平衡與協調的能量，在廣結善緣下，培養親和力，過濾掉毛躁的小情緒，不再退縮，發揮行動力，勇敢展現創意與表達自我。

外靈數 **1** × 內靈數 **3** ——真誠自我的創意者

開運色：萊姆黃 ／ 生命課題：試著靠近愛

　　你活潑可愛又赤子純真孩子氣，少了幾分 1 數的嚴肅，像月光下高貴又搞笑的孤傲靈魂。但對自己要求甚高，希望行事穩健合宜，不要讓人擔心。你當然會是最稱職的綠葉，但更富領導魅力，個性獨立又工作勤奮，藝術天賦讓你更富天馬行空的創意。你個性天真，想做的事太多、夢想也很多，單純又容易受騙。夜深人靜時思慮仍不停飛舞，常有一種孤單和倦怠感。**觀金錢**，愛美又省錢的小器財神，但看到喜歡的收藏品，就會失控的很願意花大錢買下。**觀事業**，除擅長單打獨鬥外，也喜歡團隊戰，適合公關、藝術創作、娛樂等領域，如設計師、畫家、作家、銷售、編導、音樂製作，或靠口才去傳達理想等職場舞台。**觀人際**，你是悶騷型的冷面笑匠，喜歡幽默風趣、談得來的朋友。

　　沒有人知道你詼諧的面具下，眼淚卻在心裡飄流，你其實敏感脆弱又依賴，你的堅強和孤獨，只是為了感覺自由，抗拒親近愛，讓你不自覺與愛疏離。不過，骨子裡的質樸和純真，正是你最吸引人的魅力，徹底覺醒，是時候脫胎換骨了，在結合藝術與理想下適性發揮，回歸初心，靈魂越沉穩，越能建構你想要的浩瀚世界。

外靈數 **1** × 內靈數 **4**, ——自我設限的孤獨者

開運色：北極銀 ／ 生命課題：突破與自由

　　你是外 1 中最缺乏安全感且需要滿滿的愛，背負了太多原則的框框架架，心靈沈重而不自由。你富邏輯性與組織能力強，為人忠心耿耿、說一是一、說二是二，乖巧聽話守規矩。個性保守固執，比較缺乏冒險的勇氣，思維全被自我給綁架，不擅於接納其他人的想法，較自我中心，加上內 4 天生帶著殼，害怕突發狀況及挑戰。**觀金錢**，購物非常在意價格與質感，若不符期望，寧可走人不買。另外，掌握穩定的物質金錢資源，絕對是你安全感的來源，也是畢生努力達成的目標，會有藏私房錢的小習慣。**觀事業**，在工作上投入許多心血，努力去搭建屬於自己的大平台，事業和家庭都能完美兼顧，鋼鐵意志實在受人敬佩。**觀人際**，想保有自我，又害怕破壞原則，不安全感使然，常常情緒糾結。當受到人際問題威脅時，立馬變臉又強勢，習慣在人群中自我孤立。

　　擁有月亮般陰晴不定的特質，需要尋求家庭與穩定內在的支持，必須覺知理性與感性如何共存，既能享受情感的溫度，又能理性修補心靈缺口，不斷反思內在的缺失，不再覆沒於不安全感，一旦突破，你將徹底獲得自由。

外靈數 **1** × 內靈數 **5** ——追求自由的冒險者

開運色：湖水藍 ／ 生命課題：心性取捨

　　是外靈數 1 中人際關係及口才最好的業務高手，能言善辯，喜歡自由、冒險，比較有彈性，適應力也較強，屬於舞台型的人才。朋友很多，喜歡熱鬧、人來瘋，有著直言不諱的個性，容易得罪人。喜歡創新、改變，但博而不精，你的持續力需要再加強，儘管衝力很夠，卻也常常踩煞車。**觀事業**，業務拓展能力真是無人能敵，喜歡單獨作業，可以創立獨立工作室或彈性接案，善用天賦潛能，盡情展現自我，讓更多的人看見你的耀眼。**觀金錢**，重視口欲與感官享受、愛好美食，喜歡藉由吃來釋放情緒壓力，金錢主要花費在物質享受上。**觀人際**，重視朋友圈也在意他人對你的評價，享受自由、喜歡冒險及嘗試各式各樣的生活型態，擅長人際交往，不喜歡彼此束縛或勉強遷就的朋友。

　　提昇沉穩及自由的能量，真心真言、少壓抑，勇於冒險且真誠表達。你追求隨遇而安的生活，勇於挑戰極限。隨著人格特質越提昇，才會覺察到真正的心性自由不是失去，反而是一種擁有。『斷捨離』，其實是一種選擇，反而更能讓你體認到生命的美好與幸福。

外靈數 1 × 內靈數 6 ——重責重諾的服務者

開運色：藍紫色 ／ 生命課題：善待自己

　　你擁有理性與感性的綜合特質，忠於自我，卻也很為自己人著想、喜歡服務他人，容易迷失在自我矛盾中。有時太過同理對方立場，總是自我犧牲，卻把自己傷得體無完膚、粉身碎骨，以為這些都只是附和浪漫的心酸。當你舔舐更多的傷痛，反而表現更堅毅獨立。**觀金錢**，其實你生性節省，容易把錢花在親友身上，認為『錢財乃身外之物』，再賺就有了，常在義氣相挺下，花掉錢財。**觀人際**，重視承諾與責任，常常心軟善良而容易做出錯誤決定，也因付出多、回饋少而受傷，當你承擔過多不該屬於自己的責任，又增添幾分計較，反而自我孤立，與社會脫節。

　　無論承擔的責任有多大，愛別人也要愛自己，『**懂得拒絕的藝術，也是優雅的展現**』。你需要提昇靈性、善解與關懷的能量，少一些挑剔，多一些接納。缺乏自信，會不小心落入「為別人著想」的漩渦而迷失自我，不需在意別人評價，自己的生命由你自己來定義。愛要施予與接納才得以平衡，內外一致，愛就從善待自己、擁抱自我開始，放下斤斤計較的人生。

外靈數 1 × 內靈數 7 ——追求真理的堅持者

開運色：丹寧藍 ／ 生命課題：堅持與珍惜

　　是外靈數 1 中最具靈性與創造力的人，披著慵懶貴婦的氣質，喜歡沉浸在自己的世界，在探尋生命的奇異旅程中奔走，花了很多時間去內觀及鑽研真理。你擁有不易討好的偏執，容易錯失良機，常常讓降臨的幸運機會從指縫中溜走，還傻傻相信未來還是有很多可能性。當找到自我價值與志業目標，即刻爆發一路往前衝刺，彷彿打開了哆啦 A 夢的任意門，瞬間抵達成功的終點。**觀事業**，能量隨時在動盪，成長就在動靜之間提昇，不斷在行動、質疑、放棄之間輪迴，也將犧牲掉健康。擅於人性剖析，特別適合工程師、心理師、命理占卜師、醫師、律師等職業。**觀金錢**，有錢是大爺，沒錢是小氣財神，容易衝動消費。**觀人際**，你是敏感的天線寶寶，容易受個性及宿命所綑綁，朋友不多，但真心摯交的一兩個就是一輩子。人生也經歷不少個性衝動的懲罰，經一事就會長一智。

　　你享受平靜中的孤獨，不管淚在眶裡有多重，只要你彎得下身去舔舐傷口，相信幸運之神會眷顧著你通過絕境，只要『能堅持別人不能堅持的，就能擁有別人不能擁有的』，不管有多艱辛，絕不放棄，把每一天都當作最後一天來過那樣的珍惜，就能創造富足人生。

外靈數 1 × 內靈數 8 —— 戰鬥力強的實踐者

開運色：玫瑰粉 ／ 生命課題：智慧與回饋

　　靈數 8 是權力、金錢與邏輯的愛好者，也是處世圓融的企業家，而靈數 1 是成就至上的創業家，兩大格局一定能激盪出自己的事業王國。你極具商業頭腦，喜歡做生意，對金融、法律、管理、房地產也都很有概念，還能將靈感化為現實，實踐力非常強。**觀事業**，天生老闆的命格，領導力強又懂得掌握市場趨勢，學習意願非常旺盛。在面對生命衝擊與轉折點時，你不輕易妥協，也不向命運低頭，生命韌性高、個性又強勢，只要即知即行、絕不拖延，必能成就大事業。**觀金錢**，你重視物質享受，雖然天性勤儉、屬於積少成多型的富翁富婆，也有金錢上的福報，只要尋著誠信與良心美譽的取財之道，財運即揚升。**觀人際**，建議放下過多的自我，多一些柔軟與同理心，就能開創無現可能與商機。

　　你需要提昇無上的智慧能量，理直氣和、溫柔善待，就能減少不必要的人際衝突。是是非非，人生不要在意太多，有嘴的人不一定有腦，不過度壓抑自我、也不狂烈咆怒，人生總要拐好幾個彎，才能嗅得百花香。

外靈數 1 × 內靈數 9 ——智慧穩重的大愛者

開運色：太空灰　／　生命課題：面對與創造

　　你的個性成熟穩重、沉靜有智慧，有原則也具有堅強的意志力。你與生俱來慈善大愛的特質，很願意犧牲自己成全別人。要留意的是，避免天馬行空的夢想多，編織力強而執行力弱，常常三分鐘熱度，顯得意志不堅。先回歸自身的課題，通過努力實踐目標，就能改善處境，只要用心與堅持，必能將觸角延伸到世界各地的角落，處處灑滿你的愛與智慧結晶。**觀事業**，你具備雄才大略又富影響力的大企業家特質，很適合創業、業務、藝術、演藝、教育、宗教、人文等領域的工作，也會花許多心血在熱心公益上。**觀金錢**，平時勤勞簡樸，花費注重質感及未來性，只要願意學習務實且謹慎評估，成就自己之後，也能成為投資別人夢想的大慈善家。**觀人際**，你多才多藝，無論投入何種領域，皆受人崇拜喜愛，但也常常離開地球表面，躲進自己的虛擬世界。

　　你需要落地實行，將為自己帶來更多不可思議的能量。你天性刻苦耐勞，隨時提醒自己『一勤天下無難事』，不斷提昇領袖魅力與智慧奉獻的能量，讓知性與實力的美感成為典範，當你面對真實的自我，勇於開創及突破，就能畫下不朽的傳奇。

外靈數 2

人物形象： 需要安撫的金剛芭比

人生課題： 『獨立並非分離，而是擁抱完整的自己』

　　2數代表二元對立，非是即非、非黑即白、陰陽兩極，是一種共生在天地之間的極端特質，代表標誌是線條。你生性依賴，比較缺乏主見，個性保守被動，情緒多疑浮躁，容易看不慣而抱怨批評。你的心思敏感纖細、分析能力強，重視和諧，擅於整合談判與合作，但是在演變成一名最佳夥伴之前，必須通過許多修煉歷程：從「沒有主見」變成「有主見」；從群體中的隱藏者角色，變成領導者角色。你具雙重性格、心軟善良，非常重視群體，但個性多愁善感又敏感、善變又耳根子軟，容易受影響，情緒化的令人又愛又恨。

　　每個人身上都有個男人及女人的靈魂，陽剛與陰柔是可以並存的，當你了解了你愛上的是你看見的自己，而不是別人眼中所期待的你，不去壓抑、也不總是取悅討好。丟掉假笑面具，你需要的是一座心鏡，隨時映照內心。你的天賦潛能適合從事公關、銷售、經紀、仲介、娛樂事業、藝術、創意、時尚與美業等相關領域，高階人格特質的 2 數，非常適合擔任首長、外交官等領導者角色。

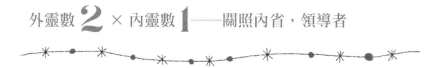

外靈數 **2** × 內靈數 **1**——關照內省，領導者

開運色：焦糖奶油 ／ 生命課題：觀照與內省

　　你看起來好相處且重視群體生活，但其實主觀意識都隱藏在內心，不喜歡遵照傳統行事，個性武斷。表面是好好先生、好好小姐，什麼都好、都可以，但自有一套做事準則與防線。對看不順眼的人，喜惡分明、行事作風獨樹一格，往往遭遇人際角力時，都能巧妙逆轉、酸得幽默有理。**觀事業**，是最佳外交公關，沒什麼做不到的事，也不怕變革，認為應該吸收各類文化精髓，創造屬於自己的團隊，發揮領導魅力引領群眾，你的理念和夢想就是「改變世界」。**觀金錢**，會去分析花費的產品價值是否划算。**觀人際**，有時仰賴群體社交生活，是為了締造商業奇蹟，需要享受獨處空間沈澱心靈。你熱衷呼朋引伴，喜歡簡單聚會，彼此聯絡感情。也會突然想當背包客去流浪，或哪兒也不去，就窩在一處屬於自己的舒適天地，可能寫寫文章、看看電影、或者只是品咖啡，靜態的方式沉澱心靈特別有感。

　　你需要提昇思考清晰的能量，放下我執，時時觀照內心與內省，會讓你的心沈澱，從繁雜世俗中透析出智慧之光，召喚你的純真與善良，發揮創意美感的天份，創造有趣的連結以及與世界溝通的橋樑。

外靈數 2 × 內靈數 2 ——善於連結的合夥者

開運色：經典黑 ／ 生命課題：內省與整合

　　此組為卓越數字組合，能將天賦潛能發揮到極致，內在總有一股強烈慾望催促你一定要發揮長才，否則人生就會過得莫名的不快樂。你具雙重性格特質，而男生較陰柔，女生是女漢子，因心思細膩且對於人性剖析能力強，擅長連結資源及整合行銷，是最佳的合作夥伴，你很依賴群體生活，這會讓你獲得滿足感與安全感。**觀金錢**，交際應酬花費多，對小錢不在乎，大錢斤斤計較。**觀事業**，適合團隊作業、研究分析或整合行銷及談判的工作，如藝術家、古董商、演員、外科醫師、護理師、心理學家、經理人、經紀角色、設計師等職場舞台。**觀人際**，親切友善好相處，善解人意也喜歡照顧大家，內在極端的另一面是情緒敏感，有時強悍又嚴厲，說話挑剔又霸道，讓人難以招架，對看不慣的事情，總拿著放大鏡在歸咎責任。

　　你是天生的好演員，擅長將人生中的每一個角色都扮演得出眾，但演員扮演的都是別人，你常常迷失在角色裡，也容易感情用事而阻礙成功。人並非被事件本身所困擾，而是受困於觀看事件的看法及角度，需要深耕『**內省與整合**』的工夫，進行內在自我對話，聽見心中的低語，重新定義自己在生命中的位置，開啟直覺，重新看見靈魂本質，你將能順隨心意，在每個當下都做好自己。

外靈數 2 × 內靈數 3 ——提升自信的覺察者

開運色：相思灰 ／ 生命課題：安靜與獨處

　　你是超強的社交高手，擅於溝通，喜歡散播歡樂與笑聲，喜歡有趣的生活及夥伴，一成不變的固定模式，會讓你感到無趣及缺乏挑戰性。你很有主見，很清楚自己要的是什麼，是一個需要大量溝通的夥伴，但不喜歡直接被批評，被干涉太多隱私，會讓你迅速關起溝通大門。你口才魅力佳，溝通及創意能力好，音樂及舞蹈天賦也強，藝術創造能讓你施展才華及抒發情感。但個性較天真爛漫及任性，總是太樂觀及信任別人。**觀金錢**，小錢看得很淡，大額就會在乎，購物會在意價格，喜歡收藏藝術品，社交花費多。**觀事業**，適合從事演藝與娛樂業、音樂工作者、媒體與公關、廣告與行銷、藝術家、設計與建築、時尚與審美、銷售等職場舞台。**觀人際**，你溫暖友善，總是溫和待人，但內在其實固執又不肯變通，知心好友並不多。

　　你需要提昇自信，不再迷失自我，才能在你人生的舞台上，做回自己，讓自己發光發熱。試著從不同的情境中去觀察自己，透過獨處和安靜的時光，重新覺察『我是誰』，我想要的樣子及生活是什麼，去聆聽內在的想法，對自己許諾。因為真正的快樂，在於你為自己所下的決定，若能常常儲存快樂的能量，你會發現，你所糾結的很快就會鬆解。

外靈數 **2** × 內靈數 **4** ——療癒破碎的拼圖者

開運色：春藍　／　生命課題：擁抱真我

　　你最需要家庭穩定力的支持，付出讓你有被需要的感動，以此填補心靈的匱乏。你生性依賴，加上耳根子軟，容易陷入情感課題，落入框架的圈套，難以跳脫。你心思細膩、思路也清晰，但容易自我設限、缺乏彈性。**觀事業**，你是社交高手，擅長與人溝通及分析相關工作，適任業務、藝術鑑賞、評論家、研究、心理等領域。**觀金錢**，對小額不在意，超出內在所設定的額度就會掛心。你會勤奮賺錢、省錢、存錢，也容易情緒化花費。**觀人際**，主觀意識強，情感交流易受阻礙。屬於寬以待友，嚴以待己的人，禁不住嘮叨挑剔。人際關係需放下對立，才能從破碎中獲得圓滿與幸福，不要怕少了哪一塊拼圖，這一枚珍貴是可以創造的。

　　你總是不輕易說出心裡話，將愛壓抑在幽幽深谷，當錯綜複雜的情緒達到飽和狀時就會爆炸，此時容易自我放棄，將好不容易達標的成功拱手讓人。你需要療癒內心世界的能量，請『**擁抱真我**』，愛的課題源自原生家庭，學習在承擔責任時，同理感受對方，厚愛自己及善待他人。天生缺乏安全感，需要重新滋養愛，你必須喚醒靈魂沈睡的部份，從內在長出智慧的翅膀，乘著自由的風徜徉幸福的天空。

外靈數 2 × 內靈數 5 —— 揮霍人生的尋心者

開運色：香草白 ／ 生命課題：體驗與安定

　　你是外 2 中最熱情活潑，又懂得展現自我，既大方人緣佳又富正義感，容易與人交朋友。你是天生的口才英雄，能言善辯是強項，喜歡成為群體矚目的焦點，及自在隨性發揮的工作，不喜歡被束縛，對事情顯得不太在乎，讓人覺得不夠安定。走過人生的起起伏伏，讓你更懂得如何看待自己那顆不安定的心，原來你可以很溫柔地細細品味人生。**觀金錢**，為人熱情豪爽又大方，為了完成夢想，也可以省吃儉用，變得小氣。**觀事業**，適合從事業務銷售、演藝與娛樂業、媒體與公關、廣告業、旅遊業、政治界、廚師與餐飲業等領域。**觀人際**，親切和善，善於面對群眾及人際關係，容易結交朋友，內在也需要獨處和充電的時光。避免任性及孩子氣而發生溝通問題。

　　你需要提昇洞察力及傳遞訊息的能量，找到了智慧真理，就等於尋到了心，不再自我懷疑。為你的未來願景行動，好過躺在沙發上做夢，當你一貫地『再說，再看看吧』，就荒廢了你天生的好運。你知道人生無法臨摹，無法單憑想像，你必須真實體驗且入戲，而人生的濃度，就在你的一呼一吸間，也在你的脈搏與心跳裡，反覆探尋生命的意義，你會活的更痛快，且從容。

外靈數 2 × 內靈數 6 ——奉獻自我的療癒者

開運色：嬰兒粉 ／ 生命課題：創造安全感

　　你心緒非常敏感，知性也感性，懂得將心比心，對他人的立場總能感同身受，就像是療癒人心的治療師，能從愛裡發展出天使能量。容易因為感情課題而承擔過多的責任，記得要多一點自我肯定、善待與讚美，愛別人也要寵愛自己。心緒敏感的人活得比較累，因為過於完美主義的細膩付出，加上不斷壓抑自己，最終理智會斷線。**觀金錢**，對自己吝嗇，對別人大方，在乎日積月累的財富。**觀事業**，適合從事醫護人員、心理分析、藝術創作、作家與哲學、建築營造、演藝人員等職場舞台。**觀人際**，內外皆雙數的特質，你善解人意且同理心強，長袖善舞，人際關係很好。經常不顧一切的義氣相挺，會為了幫助別人而拖累自己。

　　無條件奉獻，不怕受傷的愛看似勇敢，其實不讓自己受傷的愛才是真正的勇敢。愛是你的課題，容易因為感情而毀滅了浪漫城堡，從情感投射中，去療癒自己的心，你將發現這場療癒將豐沛你的財富能量。你的謙卑與柔軟，是為了隨時奉獻而準備，請試著以粉色濾鏡內觀自己，更加溫柔地善待自己。你需要重新創造內在的安全感，請把愛傳播給懂得珍惜的人，默默對著自己低語，你值得愛，值得備受寵愛，因為你就是愛的本質。

外靈數 2 × 內靈數 7 ——自我質疑的正義者

開運色：天青色 ／ 生命課題：反思與轉化

　　你個性既固執又有個充滿正義感的老靈魂，固執的像是鐵齒的偏執狂，對於堅持的理想總是奮不顧身地去做，哪怕是身處在反對的聲浪中，不管決定有多荒謬，有時候過於理想化或昧於真相，都會選擇盲目到底。你敏感細膩，但常迷失在自我懷疑的漩渦中，情緒古怪，有時好相處、有時很冷酷，喜歡效率行事，討厭累贅的沈重感。**觀金錢**，數字邏輯強，花費非常精明。手頭寬裕時，講義氣的你錢就留不住了。**觀事業**，適合從事醫護人員、餐飲食品業、心理分析、政治領域、偵探與律師、研究學者、媒體業、文字工作者等職場舞台。**觀人際**，愛好社交生活，防衛心重，會保持適當距離。喜歡交朋友，但憑著感覺走，只要感覺不對就不會勉強接受。看起來十分自信，其實內心孤僻、害怕改變。

　　你需要尋求真理之光，洗滌心靈，不再飄渺不定，就能放下恐懼。我們常在不知覺中為自己設下許多情緒按鈕，你有憤怒，所以能很輕易就被觸動，你有痛苦，所以才有痛苦的反應，告訴自己，每一次別人對你造成的傷痛都是禮物，不管造成了分裂或斥責，放下情緒化的回應，你需要創造獨處，不斷反思，直到你可以保護自己離開痛的能量場。在知性與智慧之光下轉化莫名的擔憂，你將體認到自己更偉大的存在意義。

外靈數 2 × 內靈數 8 ——創造財富的謀略者

開運色：胭脂色 ／ 生命課題：溫柔與喜悅

　　你擁有堅強又敏感的靈魂特質，是天生外交高手，也是厲害的謀略家，很有商業邏輯，擁有能將夢想實際化，具點石成金的智慧功能。你外柔內剛，看起來很溫柔，其實內在非常堅持自我，且執行力強又務實，若能接受靈性智慧的洗禮，且誠實並做出適合的反應，就能預防破財或損失健康。**觀金錢**，對金錢很重視，尤其是辛勞賺取的財富。**觀事業**，有創意和社交的才能，擁有一顆懂得賺錢的腦袋，是一個有智慧又有邏輯力的數字組合。外柔內剛，是優秀的謀略家，擅於人脈通錢脈的金錢遊戲，執行力很強，甚至可以做到名利雙收。適合從事銀行金融、醫護人員、演藝娛樂業與演員、藝術家與創作、經紀人、政治人物等職場舞台。**觀人際**，你親切溫和，感情豐富，靠直覺交朋友，屬於慢熟型。擅長建立社交圈，人脈條條通錢脈。

　　練習溫柔又正面的語言，試著關上批判和抗拒的反應，保持靜默與專注的聆聽，當越是放大你的喜悅感，你的幸福也跟著長大，走過這些時光流，會讓自己成為更好的人。

外靈數 2 × 內靈數 9 —學習平衡的覺悟者

開運色：紫芋色 ／ 生命課題：靈性與覺知

　　你機靈活潑又親切，喜歡照顧服務他人，足智多謀，口才一流，反應靈敏又多才多藝，但須留意容易意志不堅，或三分鐘熱度的問題。你既獨立又依賴，若無法發揮天賦長才，不能順心隨意過生活，你會開始抗拒時間敲鐘的空虛感。**觀金錢**，對金錢容易緊張，會提前做好理財規劃，為自己備妥運用基金。需注意的是若太過夢幻，不夠務實，就會容易破財。要切記越是真心助人、減少慾望，財運反而揚升。**觀事業**，適合從事健康醫療業、航空業與飛行員、科學家、演藝事業、藝術家、醫護人員、教育工作者、新聞媒體業等職場舞台。**觀人際**，為人瀟灑淡然，好交朋友，喜歡照顧朋友，人緣佳；作法時常令人難解。朋友圈質感與眾不同，例如醫生、思想家、改革家或首領。

　　當你忘了你的美麗與智慧，請重新辨識自己，你是崇高的存在，不需自艾自憐，當你在分享真理時，可以帶著溫柔的愛詮釋，而不是讓彼此不舒服，如此，對方也會予以溫暖的回應，世界會給醒覺的人幸福。

外靈數 3

人物形象：童心未泯的任性萌小孩

人生課題：『每個大人都曾經是小孩，只是多數的人都已忘了』

　　3 數在幾何圖形中為正三角形，代表靈性與盡善盡美的能量，超越相對性的概念，擁有溝通的能量。靈數 3 的人心裡永遠住著一個小孩，秉持童心看世界，你睿智聰明、富創造力，擁有一顆赤子之心，童心未泯的單純特質就像永遠長不大的孩子，喜愛追求嶄新視角和新觀念，讓想像力馳騁飛揚。你通常擁有一張童顏外表，愛美、顏值高，臉上總漾著一款質樸的笑容，也特別重視外界評價及形象，社交手腕佳，所以通常人緣、人氣與戀愛運都很旺。你天真活潑、善良沒心機，人際關係和溝通表達都是你重視的課題，表現任性又缺乏耐心，說話心直口快容易得罪人，難免會出現善意的謊言，常常過於樂觀以致於容易受騙。比較貪戀享受，或給人虛榮、渙散的誤解。

　　『每個大人都曾經是小孩，只是多數的人都已長大』，世界在改變，人也會長大，無法永遠活在童年，但你可以選擇去除世俗的玻璃渣，卸下外在一切的牽絆，擁有返樸歸真的生活。你很有藝術天份，對時尚與美感擁有敏銳的品味，而藝術創作可以表達你想傳達的價值，幫助你自我療癒，也帶給世人永恆的希望。你的天賦潛能特別適合幼兒教育、公關、銷售、娛樂事業、藝術、繪畫、創意、時尚與美的相關領域。

外靈數 **3** × 內靈數 **1**——熱情創新的領導者

開運色：柿子橙 ／ 生命課題：自我價值

　　你是外靈數 3 中最熱情、有活力且創意十足的，外表彷彿逆齡，越活越年輕，你就像一顆小太陽，喜歡溫暖大眾的心。你獨立又勤奮，有一股王者風範，適合擔任領導者。**觀金錢**，重視價格，大部分花費的每一筆費用都有計畫，能賺也懂得花，喜歡追求時尚流行及美感藝術的藝術類商品。**觀事業**，適合藝術表演、創造及美業的工作，例如藝術家、主管、導演、代理品牌、美妝保養等，都很適合。有領導熱情，但容易流於空想，需累積實力與經驗來服人，否則孤掌難鳴。**觀人際**，有些人誤解你並不好相處，不容易認同別人，卻希望別人重視你的理念。需適時保持距離的交友空間，相處比較美，朋友很多、交心的很少，你很珍惜夥伴及戰友的革命情感。

　　不管你完成了多珍貴的成就，受到攻擊的事件仍然會發生，飽受暗小人中傷的壓力，常常有躺著也中槍的無奈。你習慣對外表現熱情、活力四射，面對衝擊卻表現鎮定，不要人為你擔心。你需要隨時清理情緒黑板，莫讓粉痕影響了心靈播放，讓模糊釋出，留白是寬容，練習對自己信任、且無條件的接納與支持，提昇『自我價值』的力量，保有自尊、但不孤傲，健康才不會亮紅燈。

外靈數 3 × 內靈數 2 ——展翅高飛的整合者

開運色：海洋藍 ／ 生命課題：找到舞台

　　孩子氣的外表下，你擁有一份陰柔的藝術家氣質，你善良體貼，喜歡照顧人，關注細節及步驟。你是口才伶俐的溝通高手，直覺、眼光特別獨到敏銳。內在的陰暗面若未妥善釋放，將造成分裂的局面，而分裂的雙重性格其實是你的保護色，需正視窩在心靈的內在小孩正等待被療癒。你依賴被肯定的掌聲，試著創造內在的自我對話，你會更相信自己，不再自我懷疑，停止重複糾結的輪迴，擺脫沮喪與不安。**觀金錢**，愛美或社交應酬花費多，對金錢其實頗在意，多方嘗試學習、很願意投資自己。**觀事業**，邏輯力強、洞察力佳、善於深度分析。適合從事藝術、媒體、餐飲等領域，如藝術評鑑、設計師、創意工作、作家、美食烘焙等。**觀人際**，你長袖善舞、喜歡逗人開心、重視情誼。不愛談及隱私話題，誤觸地雷時，容易失控直言。個性有些偏執、缺乏耐性、好批評及發問。

　　你需要學習圓融與彈性，且懂得放下依賴，就能發揚人生舞台。分裂的劇碼不斷上演，必須從每一場戲裡，去同理每個角色的心境感受，累積人生經驗、增長智慧，讓心智越成熟穩定。一旦找到夢想，就義無反顧、不留後路地展翅高飛，你會活的更豐盛！

外靈數 **3** × 內靈數 **3** ——發揮美感的創意者

開運色：閃耀銀 ／ 生命課題：展現真我

　　相同數字的組合穩定性高，代表你的內外在特質較一致。你生性樂觀、任性又富赤子之心，倘若童年時期，創意表達部分受壓抑，或是被父母影響改變了志向與目標，會因此喪失自信且人格憂鬱。你需要一面清晰的明鏡，來反映真心，投射出真實內在與靈感，進一步轉化成藝術創作或表演，有助實現理想和傳達理念。**觀金錢**，花費任性，願意投入在自己喜好上，不惜揮霍。珍愛有價值的藝術、古董、飾品。**觀事業**，適合與美感有關的工作，例如公關、銷售及娛樂業、醫美。能將內在創意與靈感，轉化成藝術作品、表演或業務表現，必實現理想成績。**觀人際**，你自信十足，表達也很流暢，凡事要求完美，不容許受到批評，說話直白、反而容易得罪人。

　　『**必須完美**』的標準，不見得是真實自我的展現，那會讓你迷失，離自己更遙遠。『人生要有一些裂痕，才會入味』，你需要提昇創意與溝通的能量，揮別恐懼、擁抱夢想、徹底實踐，且承擔責任與奉獻。盡情『**展現真我**』、施展才華，才會讓你感覺自己真正活著，否則你將品不到快樂的香。

外靈數 **3** × 內靈數 **4** ──尋求安穩的追夢者

開運色：香草白 ／ 生命課題：智慧與冒險

　　你擁有迷人外表及聰穎氣質，是理想主義者，自有獨特的人生哲學和處世態度。勇敢做夢、也願意放手一搏，像個十足的『雙面嬌娃』。一面孩子氣、任性又愛幻想，一面是母親、有時成熟照顧人又努力付出。但容易自我設限，需要滿滿的愛和安全感支持自己，當家穩定、內在滿足了，就能過得像孩子般自在快樂。靈魂是巨蟹，外在是雙子，少了些任性和天馬行空，講求秩序、一步一腳印。**觀金錢**，大額的存款才有踏實的安全感，卻容易情緒化消費，拼命賺錢、也努力花錢。**觀事業**，你組織邏輯、分析力、執行力強，重視責任與效能，適合從事管理職、意識型態的媒體創意產業、運用創意又浪漫的特性，進行藝術表達創作。**觀人際**，固執、情緒化、情感關係是課題，不受情緒左右，人際會更圓滿。喜歡分享、好奇心充沛，所見所聞皆新鮮有趣，是散播歡樂及愛的天使。

　　『美麗不在外表，必須從眼中找到，因為這才是心靈之窗、愛心之房』─奧黛莉赫本。讓心自由、不受框架束縛，提昇『**智慧與冒險**』的勇氣，太過小心翼翼，容易錯失良機，無需生悶氣，一方穩扎穩打，一方掌握情勢，自信乘風追尋心之所向。

外靈數 **3** × 內靈數 **5** ——善於交際的冒險者

開運色：水蜜桃粉 ／ 生命課題：釋放與善待

　　你是外靈數 3 中擁有絕佳溝通技巧及超強銷售能力的完美特質，也是熱愛自由的探險家。就像走在鋼索上的特技演員，享受刺激，喜歡趴趴走、奔馳在追風的速度感中。內心像一匹脫韁野馬，不好駕馭、也不容易安定。全身上下充滿了戲劇細胞，非常享受舞台、投入口才天賦表演，是令你快樂的使命。**觀金錢**，物質享受花費較多，或公關應酬方面支出。你很有愛心，願意拋磚引玉、鼓勵大眾共同響應。**觀事業**，是業務高手、社交公關人才，邏輯思考力佳，適合從事創意表現、業務、口才性質，如銷售、傳媒、藝術、設計等。**觀人際**，善於人際溝通與交流，喜歡結交各類朋友，對社會階層沒有分別心。交朋友是一場華麗的冒險，三教九流都能應對得宜，總給人熱情和豪爽的印象，喜愛能護持自己夢想的戰友。

　　你需要提昇對自己溫柔和善解的能量，生命常常處於又驚又喜的狀態，追求完美主義，又不希望讓人對你失望或產生負向聯想，容易壓抑情緒和壓力，選擇取悅每一個人，反而負荷了過多不屬於自己的責任。遇到挑戰，不退縮、不妥協、別停滯不前，適時求援會讓人更懂得如何疼愛你，進而創造富足人生！

外靈數 3 × 內靈數 6 ——療癒人心的付出者

開運色：嬰兒粉 ╱ 生命課題：關懷反饋

　　你是外靈數 3 中最善良又質樸的人，也是個無可救藥的完美主義者，親和力強，很好相處，且喜惡壁壘分明。你們很願意承擔責任，總認為別人的好與壞都與自己有關，甚至扛到失去自我，一味的付出，也讓你容易在情感中受傷。**觀金錢**，看你買東西似乎從不在意價格，金錢看得很淡然，但你卻是生活節儉，對人有出手相助的義氣。**觀事業**，你極富美感和藝術天分，善於照護人，個性也浪漫，無論從事何種工作，都會有種療癒人心的魔力。當你是藝術家時，作品就屬於療癒系的風格；如果你是美食家，烹飪出的食物也會特別有情感和溫度，且色香味俱全。**觀人際**，非常善於照顧人，也重視關係、疼惜朋友，樂於解決家人朋友的問題，就像慈悲的療癒家。

　　過多的付出和隱忍也會導致你不知該如何從不舒服中解脫，你們有能力去療癒每一個迎面而來的負面能量，幫助人們進化，但你不需要被影響或讓生活難過。試著從信仰中學習釋放，讓身心靈自由，將關懷的能量反饋自己，唯有懂得愛自己的人才能真正的愛別人；別在付出中失去自我和你最懷舊的赤子之心。你知道人生總有逆風的時候，但永不放棄希望，就能擁有繽紛馬卡龍的天空。

外靈數 3 × 內靈數 7 ——靈性智慧的領導者

開運色：薄荷綠 ／ 生命課題：學習柔軟

　　你天生就要學習成為一位優秀的領導者，你才華洋溢，創造力豐富，喜歡以藝術的視角觀世界，熱衷追求真理，也相信宿命，但有些偏執狂，你不欣賞紙上談兵的浪漫，只相信眼見為憑的證明及成果，生性也多疑。**觀金錢**，你對數字精明，有理智時什麼都節省，但屬於感覺型消費，喜歡愛美、提昇顏值或心靈紓壓，喜歡收藏藝術品。**觀事業**，適合從事藝術療癒工作，用藝術映照自己的內心，去尋求真理。擔任分析師、人力資源、研究學者、會計師或工程師等，可以在數字中找到快樂。**觀人際**，喜歡保護自己人，但面對頻率不對的人會自動保持距離。

　　『眼見不一定為憑』，你看不見風，但你相信風的存在，你也不需要看見太陽，才知道太陽出來過，你看不見你的心，但你能感覺所有情緒感受。多疑讓你自我設限，會因為恐懼而裹足不前，優秀的領導者不會讓人屈於你的威勢下而盲從，學著柔軟一點，讓心多一點溫度，對別人的內心敏感，自然死心踏地追隨你。請跳脫情緒與框架的綑綁，讓靈性智慧發光，回歸赤子情懷，日本 10 歲的小小哲學家中島芭旺：『事情本身沒有重量，是你讓自己變得沈重』。

外靈數 **3** × 內靈數 **8** ——打造夢想的野心者

開運色：藍色 ／ 生命課題：真言實語

　　你是個很有野心的動感靈魂，也是天生領導大師，富權威及魄力，很有遠見，一旦下好決定，就會努力實踐，行動力非常強大。有時太過自我，行事武斷，容易給人現實、勢利、過於利益導向的誤解。個性獨特，事實上是雙重性格，創意無限，又具務實的執行力，渴望找到依賴的夥伴，卻又不甘長久依附，喜歡掌握主控權。**觀金錢**，小錢不在意，大錢算得精明。花費屬於即時享樂型，對未來潛力股，投資眼光獨到。**觀事業**，喜歡挑戰傳統，不按牌理出牌，懂得把靈感轉換成賺錢的方程式。你的潛能適合從事演藝娛樂、演員、藝術創作、管理、運動、金融、公關等職業舞台。**觀人際**，個性活潑外向，熱情爽朗，耍寶逗趣，有時給人故作萌態的誤解，其實是重視氣氛和諧，想討好取悅，散播歡樂給大家。

　　你需要釋放壓抑的能量，才不至於破財及損害健康。『**真言實語**』，不是用來取悅人、掩飾真正感受，而是連結靈魂深處，面對真實的自己。你當然需要被認可，但更需要先認可自己，當你學會活成自己，而不是別人期望中的你，更無須屈於傳統價值觀的公式裡，首先請做好決定，決定你要的人生有多繽紛絢爛，你因此而完整了生命，步步皆是人生代表作。

外靈數 **3** × 內靈數 **9** ——超越完美的進化者

開運色：靛色 ／ 生命課題：寬恕與釋放

　　你擁有善良和慈悲的老靈魂，外表卻是永保青春逆齡，凡事都有獨到的見解，風格獨特又富創意。你敏感細膩而感情豐富，愛好美麗事物，藝術方面的才華洋溢，你的固執表現在感情方面，戲劇化的人生，顛簸不斷，甚至許多無辜之殃讓你飽受傷害，你道德感濃厚，不允許自己傷害任何人。一方享受穩定的幸福生活，靈魂深處又催促著你浪跡天涯，探索生命之光，去擁抱大海，當個神祕夏威夷女郎。別拼命滿足他人，而放棄了自己的夢想，無法發揮天賦，你會不健康。了解與接受自己，解決內心衝突，不再重複做著不切實際的夢。**觀金錢**，會努力存一筆不可動用的備用基金，好應付隨性花費的態度，喜愛收藏藝術品。**觀事業**，獨立、富有創造力，溝通能力強，口才好有絕佳的說服力。有著不可思議的潛能。適合從事演藝、主持、藝術創作、美業、科學、商業等工作領域。**觀人際**，你幽默風趣，偶爾自傲或浮誇，因為你喜歡帶給大家輕鬆愉悅的氣氛。

　　你總是外表看起來快樂，但內心卻承載著悲傷和憤怒的重量，善用藝術療癒方式把情緒張力揮灑在畫裡形成生命，僅僅是清淡的書寫著所有靈魂的相遇，伴著走過每段旅程，停、看、選擇、過著幸福而平靜的人生。

外靈數 4.

人物形象：受困城堡中的壓抑國王

人生課題：『真正的安全感是來自心靈富足，真正的快
樂是不被情緒左右』

　　4 數的符號是正方形，代表穩定、建構、安全感，『完美與愛的關係』
是主場課題，心靈拼圖總缺了一塊。與 4 數相關的特質，皆容易落入愛的漩
渦和危機意識，為了安全感付出極大代價，需要掠奪能量，來支撐心靈匱乏。
你總給人滿滿的母愛，非常重視家庭關係，為人穩定務實，凡事講求眼見為
憑，做事有邏輯有條理、忠誠負責，讓人值得信賴依靠。你重視規律、步驟
和次序，不允許被打亂，只要打擾了你的步調，就會抓狂失控。遵守自我的
原則，極重視品質與效率。在缺乏安全感又自尊愛面子下，容易一意孤行。
靈數 4 是一個什麼事都會先規劃好的人，常常求好心切而失眠，你不需要咬
著牙衝破極限，這你已非常擅長，反而是需要給自己一趟勇氣去冒險。

　　其實真正完美的，並非你精心設計的框架，而是被你框著失去自由的
心。當你懂得真正的安全感是來自心靈，學習與情緒共存，你是情緒的主人，
才能不再被痛苦左右，也不被他人情緒勒索而憤怒，你舒適的城堡將擴大規
模，愛會落腳在每顆心上。你的天賦潛能適合從事管理、會計、科學、建築、
工程、室內設計、安全及穩定性強的工作。

外靈數 4，× 內靈數 1 ——自我節制的主見者

開運色：芒果黃　／　生命課題：放下我執

　　你生性務實，追求穩定，不喜歡激烈的改變，你需要濃密的愛來成為精神支柱，但又害怕失去自由的束縛，這種特質不利長久維繫感情關係，但非常適合成為政治領袖或領導者。喜歡發揮創意，但難免顯得忠於自我又作風強硬，你需要團隊作戰，卻覺得不如獨立作業較自由。你令人感覺十分誠懇，話術、說服力超強，容易讓人信任。你是外 4 中最有個性，不善妥協，自我意識強，思想較主觀，很有愛也善於照顧人，但是容易自我設限，需要學習接納別人的想法。**觀金錢**，天生缺乏安全感，花費節制，懂得積少成多的小器財神；手頭有錢時對人對己都豪爽大方。**觀事業**，喜歡獨立性強或穩定度高的模式，適合藝術家、經理人、企業家、設計師、金融業、廚師、醫藥人員、電腦工程等職場舞台。**觀人際**，願意結交各類朋友，也會因事業需求而結交人脈。

　　『計畫總趕不上變化』，放下我執，穿越僵固思維，強化應變能力，找對舞台就力求表現。請試著接納你是誰，而非你應該成為的那個人，卸下你不需要穿上的能量，讓愛與慈悲的能量，為你克服人生道路上一切的挫折與障礙，不需要完美遐想，只需要專注在真實的生活。

外靈數 4, × 內靈數 2 ——填補缺口的連結者

開運色：透膚粉 ／ 生命課題：將心向暖

　　你善良體貼又務實，但常有無處言說的心事，啃蝕著寂寥和傷痛，很少人能夠閱讀你的心。因為內在容易自我分裂，漾著不安的波光，當事與願違時，情緒開始煎熬而糾結，甚至覺得被背叛，當受害情節越來越嚴重，發生對立與衝突的事件就層出不窮。**觀金錢**，小錢不在意，大錢會留意。你追求物質上的穩定，是安全感來源。一生都在努力建構你強大的組織，有許多大富豪都是 4 數的特質。**觀事業**，你做事講究效率、按部就班，擅於連接人脈與資源，很適合從事房產仲介、人力資源、護理人員、心理諮商、演員、寫作或記者、經理人、餐飲業等職場舞台。**觀人際**，熱愛交朋友，重感情，朋友很多，但真心摯交的就那麼幾個。

　　『心若殘酷，處處是牢窟；心若向暖，無處不開花』。當受傷的記憶點在你眼前反覆重播，在在提醒你是別人對不起自己，拿著放大鏡指責別人的缺失，卻看不到自己的問題。智慧由心而生，請感覺愛而不加批判，修復心靈缺口，讓心變得柔軟，當愛越是填滿，越能拉近與真實自我的距離，轉負面為無害的能量，且為下一份愛預熱。每個人都需要一面鏡子，觀照反映內心的狀態，常常自我覺察與清理對話，稀釋善變和情緒化帶來的影響，你就會『**重新看見愛的存在**』。

外靈數 4 × 內靈數 3 ——生性純真的修行者

開運色：玫瑰紅 ╱ 生命課題：寬恕與純真

　　你多了天真可愛的特質，童心未泯的元素會消弭嚴肅的程度。你的邏輯及組織力強，社交手腕佳，擁有靈感力與創新的天賦，常有出其不意的驚艷表現。你擁有腳踏實地又堅強獨立的特質，你深信唯有堅持與毅力就能穿越困境，美夢成真。但容易遭遇的挫折是，當毫無保留地投入努力以後，發現竟不是自己真心想追求的夢，讓你拼得狼狽又落空。**觀金錢**，你是典型的精明人，對數字分析有一套，喜歡物超所值的商品。**觀事業**，適合從事媒體與公關、企業家、演藝人員、藝術創作、音樂創作、室內設計等職場舞台。**觀人際**，說話單純直白，偶爾詮釋得不夠圓滿，或偶有善意謊言，想保有自尊或為對方保留面子。

　　你對自己寬恕，且表示原諒，那些被心碎勉強拼湊起來的醜疤痕，就會逐漸淡化。只要你處在冷漠的世俗間，純真依舊，你搖晃的人生裡會逐漸釐出方向，指引你不會被風浪沖散的明路，讓智慧與靈性揚升，擺脫束縛與執著，讓思慮更活躍，落實創新，就能戰無不勝，展現人生另一股美感。

外靈數 **4,** × 內靈數 **4,** ──建構組織的卓越者

開運色：晶鑽銀 ╱ 生命課題：覺察與面對

　　你擁有雙倍潛力的卓越數字組合，能夠將天賦才能發揮得淋漓盡致。你的組織與建構能力強，目標明確，一輩子都在建構安全感，包括家庭關係與經濟方面，尤其需要穩定家庭的力量支持，很容易事業有成，也聚財有方。當你受到挑戰，就會啟動高度防衛機制，全力捍衛堅持的信念，不允許受到任何質疑或威脅。**觀金錢**，屬於努力日積月累型的富豪特質，會拼了命的賺取財富，只有看到滿滿的存款才有踏實的安全感。**觀事業**，適合從事銀行金融業、會計、研發者、企業家、廚師與食品業、機械工程、法律等職場舞台。**觀人際**，雖然嚴肅死板，但真心交往，做人實在。

　　你希望能透過冒險來自我成長，但又渴望安定想避開風險，矛盾的拉扯造成內在衝突。很難接納別人的勸告，需要不斷歷練及碰撞，勇敢面對糾結，去正視核心問題，不壓抑情緒，找到適合自己的療癒方式，心靈穩定是最重要的安全感。試著去覺察恐懼所來和所去，不再逃避問題，放下偽裝的強勢，沈重的盔甲讓你的心也跟著受累受怕。當你嘗試以溫柔的力道去修整被情緒壓出的毛邊，你的愛會變得有溫度感，沒有挑剔和卸責的雜訊，所有的一切障礙皆被愛所消融，生命將閃耀著柔和的光亮。

外靈數 4．×內靈數 5 ──永保熱忱的教化者

開運色：香草白 ／ 生命課題：純粹與勇氣

　　你小時候可能羞怯靦腆，但經過大量的內在對話與溝通練習，你將擁有外靈數 4 中嘴最甜的好口才，個性活潑，有冒險的勇氣，內在世界是彩色可愛的，為人好相處，框架較少，喜歡交朋友。你生性幽默風趣，喜歡學習、閱讀和觀察，市場嗅覺靈敏。你的天賦潛能無窮，做事踏實，願意為了實現夢想而不怕吃苦，環境上的窒礙容易成為壓倒你堅持下去的最後一根稻草。**觀金錢**，你內在的夢想會催促你先行圓滿現實面，你可能會身兼數職及省吃儉用，只為了實現你想要的志業。**觀事業**，你適合從事娛樂業如歌手或演員、藝術創作、企業家、政治界、業務銷售、旅遊業等職場舞台。**觀人際**，通常屬於被動交友型，各類朋友都會結交，當你需要支援時，會有很多人義氣相挺，擁有不凡的個人魅力。

　　持續保持對生命的熱情，並非只憑感覺行事，發揮創新的能量，你將建構出最具潛力的教化平臺，引領大眾關心社會，協助他們鍛鍊天賦進而發光發熱，共同成就彼此。有時候日積月累的經驗，反而成了難以伸展的負擔，需要以最純粹的視角，以及敢於穿越大霧瀰漫的勇氣，你會望見遠方的光亮，就不怕在飄蕩的大海裡失去方向，你懂得觀星，也瘋狂追浪，你感動了自己，於是更加感動人心。

外靈數 **4,** × 內靈數 **6** ——慈慈悲付出的燃燒者

開運色：抹茶綠 ／ 生命課題：求新求變

　　你的個性獨立，直接又率真，充滿愛與奉獻的能量，但「過度的濫慈悲，是對自己殘忍」，在自我成就的歷程中，你必須擺脫舊傷口，雨過就會天晴，所以更要敲碎讓人頹敗的糾結硬塊，燃燒自己、照亮別人是一種愛，但不要造成對自我的傷害。有些事永遠都困難，你不過藉著世人的眼光行走人間，修煉你的溫柔與智慧，你是行者、你是愛、你是光。**觀金錢**，天性節儉，對自己吝嗇，對身邊人有求必應，會為了愛與責任犧牲奉獻。**觀事業**，適合從事企業家、醫生、教師、心理分析、娛樂業、音樂創作、演藝事業、廚師及食品業等職場舞台。**觀人際**，為人老實也憑直覺交朋友，重視義氣又掏肺掏心，完全為人著想得讓人感動。

　　你富有高度同理心，善良又有愛心，常有熱心過頭，卻遭遇被扯後腿的腹黑事件。課題是，不故步自封，也不被責任感綁架，該讓肩上的巨人下來，不過度犧牲。當外來的負面情緒，形成你細胞記憶中的阻礙點時，你無需動怒及表態，只需轉移你的聚焦點，把痛苦的視線移開，你在，你只是選擇不回應，如此慢慢練習著：『就算世界殘酷，但你心中仍有愛』。你累積的慈愛善良，不是為了一枝獨秀，而是傳球助攻，讓更多的靈魂勇於越限，闖出人生大格局。

外靈數 4, × 內靈數 7 ——尋找真理的幸運者

開運色：土鳳梨黃 ／ 生命課題：情緒管理

　　你擁有無論從是專業領域，都能謀利有方的天賦，善於分析，不愛冒險。你喜歡質疑，熱愛學習也善於思考，天生就是好奇寶寶，當找不到解答就會失去耐性而心煩意亂。避免沉迷與盲從，更不要感情用事，你看似很有效率，有時卻又拖拖拉拉，讓人覺得情緒化，邏輯與規矩的稜角很多。你是外靈數4中的超級幸運兒，很多事情常常逢凶化吉，或是突然轉向對你有利的方向。**觀金錢**，對數字精明，善於分析和投資。對小錢無所謂，對大錢很在意。**觀事業**，你的天賦潛能適合從事研究調查、市場行銷、音樂工作者、餐飲食品業、哲學思想家、教師、律師、警政領域、心理分析等職場舞台。**觀人際**，憑著信任與長時間的觀察交往，非常重情重義，但就算是朋友關係，也喜歡保持神祕感，保持適合距離。

　　一旦找到真相與解答，就能滿足安全感及獲得快樂，心不再飄蕩，從心發散智慧光芒。真理就是力量，你才因此能獲得真正的穩定感，與心靈的家相遇。你通常選擇赤裸地觀看世界，但世界不是只有一體兩面，而是立體多面相的視角，是一種你不必用力，就能輕鬆閱讀的寬廣視野。你像是一個很會說故事的導演，不斷複寫慾念和痛苦的腳本，有些愛，是長大了你才會明白，要成為愛的源頭，而非等愛。

外靈數 4，× 內靈數 8 ——作風神威的實踐者

開運色：可可色 ╱ 生命課題：選擇讀愛

　　你有野心，賺錢慾望強，天生組織力及邏輯力佳，思路清晰，屬於目標導向，一定會去努力實現遠大的夢想。總是能嗅到市場最具潛力的可能性，然而天賦潛能若未能完全發揮，就會感到天人交戰，內在衝突又煎熬。你能夠很有效率地去尋求最佳方案，運用你的商業頭腦，加上你充滿神威的作風，絕對是商場上的狠角色。**觀金錢**，你致力累積財富，點點滴滴都是你拼了命地去掙取而來，所以十分重視也勤儉。當有額外的基金時，你會投資夢想或愛好藝術珍藏。**觀事業**，適合從事銀行金融、企業家、醫生、軍人與警察、政治人物、經紀人、演藝娛樂業等職場舞台。**觀人際**，你懂得欣賞對方的優點及特質，交友真摯、彼此互相依靠。

　　請試著去明白，有些你受到的傷害，是對方以僅有的理解所詮釋的愛，對方所揭露的痛，是他的痛，不是存在於你心靈上的。你可以選擇眷戀，也可以選擇憤怒，人生就都是一場一場的選擇而已。你知道你要的是什麼，所以不需要急著追上他人的期待，當你深愛著過往的自己，舔舐著傷口上的鹽巴，別管是誰灑上的，癒合了嗎？這些終將會開成美麗的花兒！

外靈數 4, × 內靈數 9 ——奉獻大愛的實願者

開運色：星光藍 ／ 生命課題：醒覺與啟發

　　你獨立又富創意，工作勤奮負責，凡事要求都要穩妥合宜，但又懷抱著遠大的夢想和野心，這矛盾難以兩全其美。天生直覺力強，喜歡小心做夢，大膽創造奇蹟的魔法，自有一套人生哲學和成功投資心法。『有願就有力』，當心有所願，就一定會努力實現，這是你能發揮最極致的獨特能量，以至於讓你成為專業領域中的大師級人物。而家庭是你經營的主題，角色、關係與課題之間若能獲得平衡，就可以掌握主場優勢。**觀金錢**，天生缺乏安全感，對金錢容易緊張，會拼命賺錢，也努力省錢而累積財富，也會提前做好理財規劃，才有多餘運用資金的空間。**觀事業**，適合從事房產業、演藝娛樂事業、藝術文化與創作、神職人員或修行者、服務業、健康醫療業、航空業等職場舞台。**觀人際**，為人親切隨和好相處，特別關注朋友圈的動態，喜歡良師益友，共同成長互相扶持。

　　一位擁有智慧的行者在開口說話之前，會停、觀、選擇，才發表立場，選擇精準的文詞字眼，使用柔和平穩的語氣，如實地傳遞訊息。時間就在片刻煩惱中流逝，思考會讓你有所領悟，煩惱會讓你陷入不安的流沙，被恐懼吞噬，被魔考淹沒。你可以體驗慈愛，而非給人同情眼色，你的每一步付出都是帶著醒覺的能量，成就自己，啟發世人。試問自己，你是否享受人生，還是你只是渴望你可以過得快樂。

外靈數 5

人物形象：追夢人生的衝浪手
人生課題：『承諾不代表失去自由，儘管生來沒有翅膀，
　　　　　沒有誰能阻止你展翅高飛

　　5 數代表符號是正五邊形，代表自由與變動的能量。你喜歡照亮別人的人生，也享受被需要的感覺，是每個人生命中的小太陽。你能言善辯，喜愛刺激冒險，像變色龍一般適應力強，彈性多變化。對文字敏感、是語言天才，口才天賦一流、更是天生活在聚光燈下的表演巨星，很容易在演藝圈發光發熱，也常是各領域的大師級人物。為人善良又豪爽大方，喜歡嚐盡美食、旅行和享受生活品質。你多才多藝、具業務長才，對新奇元素都感興趣，但容易博而不精。你的天賦潛能特別適合從事演藝傳媒、廣告、行銷業務、銷售促銷、美食餐飲、評論學家、講師等業務口才相關產業。

　　靈數 5 的人生就像一場戲劇，角色會教會你許多事。你好勝心非常頑強，不喜歡框架的束縛，喜歡不斷突破與挑戰自我，自我要求或對別人期望都很高。你認為『沒有做不到的事情』，你會耗盡心力向全世界證明你的硬實力。你不輕言承諾，因這象徵失去自由；也怕錯誤的選擇蹉跎一生，常說的語句是『再說，再看看！』，一看就看了一輩子。其實世間皆為是是非非所紛擾，沒必要在意過多評價。這一生最極致的勇氣價值，就是啟發世人如何『**活在當下，用心體驗，以心待人，而非雙眼**』。

外靈數 5 × 內靈數 1——內在孤獨的付出者

開運色：清淡綠 ／ 生命課題：尋心與穩定

　　你是外 5 中最願意燃燒自己照亮別人的人，雖然外表看來很活躍，其實內在喜歡低調，沉靜的氣質不像外表高調閃耀。**觀人際**，你是一個需要被看見，但也需要獨處，因此有時候熱絡，有時卻有距離感，讓人抓不到與你相處的節奏與模式。**觀事業**，勇於突破、喜歡挑戰冒險、開發造福人群的新穎創意，若從事業務領域，一定是業務界的大師，能創造出與眾不同的行銷模式，進而締造佳績。適合從事研發者、導演、評論家、美食家、理財專家、行銷大師等口才相關工作。**觀金錢**，花錢上是有點小氣，但對自己節省，對外很海派。經濟能力許可下會大方，經濟狀況不佳，就竭盡所能全都省。

　　容易遇到愛與關係的挑戰，在原生家庭或親密關係上需要療癒或修復，是值得大家疼惜與關注的特質。你所顯現的活力與熱情，讓人難以想像你內在的孤獨、受傷的感覺與生命衝擊。你需要提昇穩定的能量，得到愛的加持，平衡彼此關係。家業圓滿，人生就圓滿，必定反饋社會、熱心助人。

外靈數 5 × 內靈數 2——展現自我的直心者

　　外 5 向來頗有主見、海派豪爽、大刺刺的，你卻藏了多愁善感又想依賴人的靈魂特質。你想要在群體中成為焦點，容易因為缺乏主見，常常心直口快冒犯人。需要天真和純粹的能量，讓你能直接表達出靈感與想法。常常迷失自我，又需要別人附和自己，無法與矛盾情緒共存的你，活得不乾脆、容易生心病。是魅力的巨星，但你更需要夥伴或智囊團，若你位居幕僚後援隊，絕對會是領導者的最佳助手。**觀事業**，職場上若表現不佳，內在會更缺乏自信，需要常常進行自我對話，去覺察所有困住自己心的問題，試著從極端的天秤中增長智慧，跳脫出不乾脆的自己。**觀金錢**，對錢算是有數字天份，只是花錢時腦波比較弱，不只花費在外表或社交上，只要有人揪團就會跟著下單。**觀人際**，親切和善，重視朋友，也願意為朋友犧牲，喜歡關注別人需求。

　　你需要提昇自信的能量，幫助緩解面對挑戰的壓力源，能真正獨立自主、展現自我，心言心語都能直率坦然，體現原本天真純淨的自己。請沈澱心靈，增長智慧的翅膀，找到真理時等同找到自己的心，放下質疑，善待且深信，你就是值得愛與被愛的天使。

外靈數 5 × 內靈數 3 ——釋放自我的表演者

開運色：葡萄柚橙 ／ 生命課題：自我認同

　　你是天生表演家，試圖在生命中扮演好每一個角色，卻常迷失在角色和劇情裡，甚至將生命的主導權交由別人主宰。你個性活潑外向、精力旺盛，最在乎形象、也重視社交生活，非常善感、像孩子般任性又情緒化，過於坦率真誠，常常心直口快得罪人而不自知。**觀事業**，你會發揮創意及口才在職場表現上，為自己賺取不少財富，立志要創造一處凡事盡善盡美又天真純粹的夢想王國。**觀人際**，你大事隨性，小事健忘，偶爾說些小謊，但本性始終善良。單純直白又缺乏耐性，情緒敏感起伏大，讓人覺得你脾氣不好又不知如何溝通相處，容易犯小人，保持耐心與低調為上策。**觀金錢**，花費除了社交活動外，大多投資在外表或興趣上，如保養品、3C 產品等。

　　你重視外在形象及顏值，一定要好看有型，也是創新、包裝和行銷的人才，所以常活在別人的期望中，包裝成別人要的模樣，遇上瓶頸期又自我懷疑，造成角色混淆，甚至內在人格分裂，徹底失去自我。你需要釋放抑鬱的心情，面對外界皆自在如實呈現，勇敢活出真正的自己，專注目標，創造你想要的成就，在追求名利下，真心回饋必得穩定的幸福人生。

外靈數 5 × 內靈數 4 ——衝破極限的規劃者

開運色：尊貴金 ／ 生命課題：永不放棄

你能言善道，幽默風趣，也心胸開闊，勇於接受改變，願意為了實現理想而努力，又吃苦耐勞。你的邏輯組織能力非常強，做事腳踏實地，每一個步驟都會事先規劃好，小心翼翼又謹慎。就像穿戴著盔甲的戰士，外表耀眼像明星，但內在全副武裝，深怕受到一點傷害。你需要穩定的組織及家庭關係，及擁有滿滿的愛與扶持，若心靈匱乏，就會陷入孤獨的衝擊中。**觀金錢**，對金錢很有邏輯，會進行評估或投資規劃，為了實現夢想你像是拼命三郎又省吃儉用。**觀事業**，適合從事業務銷售、娛樂業、餐飲業、政界、廣告媒體、設計師、藝術工作者等職業。**觀人際**，你熱情活潑，交友廣闊，也喜歡可以一起玩樂又一起共享未來的人際網絡。

你需要喚醒勇敢的靈魂，咬著牙衝破極限，別讓任何干擾動搖了你的信念、壓垮了你的夢想，奮力突破逆境後，就為自己大聲喝采，你一定會成為倡導理念價值的思想家或領導者。把焦點放在所選擇的軌道上，建立事業或家庭的同時也找到了安全感，追求物質上的穩定，讓你更有力量恣意翱翔。你是帶著使命而來的行者，孤獨不過是創造夢想的醞釀過程，你先成為了愛的源頭，從此將獲得源源不絕的護持。

外靈數 5 × 內靈數 5 ——不斷歸零的啟發者

開運色：寶石紅 ／ 生命課題：創造無限可能

　　你既友善卻又嚴肅，不喜歡隨波逐流，也不愛被限制或壓迫，擁有獨特的個人魅力，喜歡順其自然且隨遇而安，口頭禪是：『再看看、再說吧！』。個性矛盾也具壓抑型人格特質，喜愛透過生動浮誇的表演詮釋，內心常有小劇場，容易自我拉扯，不斷與人生在拔河。個性陽光開朗，喜歡探索新奇事物，創新點子總是獨樹一格，善於掌握契機，會盡力展現自己去實踐理想。你多才多藝，是最佳表演型明星人物，不輕言承諾，不希望為了人生某一選項而放棄另一選擇，這會讓你的心不自由。**觀金錢**，為了夢想會努力去賺取財富，也努力省吃儉用。就算身文分文，也會為了正義而挺身救援。**觀職業**，口才魅力一流，也是語言天才，是大師級人物，適合從事銷售推廣、業務、公關、旅遊業、娛樂業、廣告媒體業、演藝事業，如主持、購物專家、講師、教師、歌手、心靈導師等。**觀人際**，擅長人際社交、人氣桃花旺盛、在意別人的看法、活在外界的評價與掌聲中。

　　你的人生需要不斷歸零，請回歸簡單純淨的舒服能量，練習如實表達內在想法，去體驗你的感覺與擁有，學習成為更深的存在，發揮靈感和覺察力，尋覓心落在何處，就能擁有幸福。在你創造生命奇蹟及自我實現後，能成為生命藍圖導覽員，鼓舞人拿回主導權，敢於為自己寫下精采的人生！

外靈數 5 × 內靈數 6 ——奉獻公益的犧牲者

開運色：勃艮地酒紅 ／ 生命課題：辨識痛點

　　你感性、溫暖又健談，對所有事物都保持高度興趣，喜歡簡單平實的生活，喜愛在日常中表現你的感性和溫柔。但你的人生際遇並不平凡，常常像搭乘雲霄飛車般的痛快體驗。你天生懂得照顧人，也善於為人解決問題，卻容易自我犧牲，例如愛與夢想。你的付出與貢獻，大家容易讀到情緒的產物，卻難以體會你的煎熬與淚水。**觀金錢**，拼命三郎型努力掙錢，但對人豪爽海派，對自己勤儉省用。**觀職業**，適合從事醫護人員、心理顧問與諮詢、媒體公關、廚師與餐飲業、建築營造、藝術設計業等。**觀人際**，你是活在群體中的一顆星，但重視隱私空間，你喜歡戀愛，也需要獨處，更享受下午茶充電的美好時光。

　　你熱愛同心協力的幸福感，不愛孤軍奮戰；你需要成就更高的自己，試著從過多的扛責中釋放自我，也是放過對身邊人的嚴苛。你總是踏實地耕耘著自己的生活，外表光鮮亮麗，內在卻苦酒滿杯。面對生活你懂得切換身分，也扮演不同角色間的故事，如實地面對每個階段的挑戰。但所有的機遇，都絕非偶然，適時的閉關獨處能讓你沈澱繁雜的世俗，有助靈感力提升，讓你終於明白，愛不是只有付出與犧牲。生命之感覺失衡，是因為你的內在有痛，是你為自己設下了按鈕，所以別人才有機會讓你感到痛苦。

外靈數 5 × 內靈數 7 ——洞察天賦的接收者

開運色：水晶白 ／ 生命課題：發揮直覺

　　你喜歡簡單的快樂，是沐浴在陽光沙灘比基尼和衝浪板的熱情小太陽，也享受襯著月光、品著美酒的冷療傷時段。你擁有迷人的嗓音，語調溫文，淺淺的幽默，搭著爽朗的笑聲，生命就像一曲曲信手拈來的 Demo，你喜歡用靈感寫記錄，哼著屬於你的節奏藍調。人生充滿『魚與熊掌』難以兼得的挑戰，想要浪跡天涯、享有片刻快樂，也想掌握全面穩定的生活，在擁抱碧海藍天與大海中，聽見勇氣，平衡責任與慾望的音調。你見解獨特而浪漫，語出犀利不帶刺，輕易就能發掘人們身上最美的特質，透過你的引導，每一朵靈魂會綻放得更美麗耀眼。**觀金錢**，財運佳，對數字有天份，投資眼光獨到，重視生活品質及質感，喜歡環遊世界。**觀職業**，適合從事市場行銷、科技產業、餐飲食品業、旅遊業、心理分析師、企業家、媒體公關等領域。**觀人際**，總是保持開心和友善，善用幽默與愉悅的方式，點燃朋友圈的幸福光芒。

　　請善用藝術天份與靈感力，不惜代價依循熱情，忠於自我，挖掘深層內在，找出賦予生命價值的理想，創造快樂與成功。生命由自己來定義，別人的嘴和口都只是借過而已，那是幫助你擠壓出屬於你的幸福捷徑。你可以帶進任何想帶進生命中的特質，如智慧與平靜，也可以關閉任何不想接收到的頻道訊息，如不屬於你的悲傷與恐懼。

外靈數 5 × 內靈數 8 ——勇敢靈性的重生者

開運色：嬰兒藍　／　生命課題：回歸當下

　　你擁有創意又獨立的自由靈魂，要求自己行事穩當合宜，但內心脆弱也相當依賴，希望自己是提供一切力量的來源，喜歡表現熱情活力的模樣，老愛掩飾不喜歡及壓抑痛苦，矛盾個性帶來許多困擾。你擁有強烈的領袖特質，飽嚐藝術家的奮鬥孤獨感，請善用商業頭腦與藝術才華，成就自己，方能成就他人。**觀金錢**，重視日積月累的財富，經濟許可，對人豪爽大方也愛請客。**觀職業**，適合從事演藝事業、娛樂業、廣告媒體、餐飲食品業、旅遊業、不斷發掘出商業方面的潛能，表現非常出色，過度發展讓人感覺不擇手段、作風強硬。**觀人際**，外表隨和親切好相處，很容易掌握街訪鄰居的全面動態，但需要憑藉信任感與人深入交往。

　　你願意為了夢想堅持到底，也會因為自我設限而驟然轉向，常常覺得離最純真的自己很遙遠。在面對生命的起起落落，讓你嗅到了勇氣的香氛，請回歸當下，聚焦在個人成長與潛能發展的主題，就能重拾生命主場優勢。你是生命中的熱情狂人，需要釋放內外不和諧的沮喪和憂愁，真誠面對內在的脆弱，淚水是重生的禮物，是浴火鳳凰療傷的祕密武器。生命裡的每項功課，都能帶給你成長，請聆聽你的直覺，送愛與祝福的能量給過去的負面記憶，將未來的願景帶回到現在，當你越愛你的存在，你越能感受到幸福。

外靈數 **5** × 內靈數 **9** ──實現夢想的穩定者

開運色：青蘋果綠 ／ 生命課題：安定與關係

　　你簡單隨性，喜歡輕鬆談笑風生，開朗又令人舒心的笑容，深具才華天賦、涵養與談吐充滿著不凡的氣質，創意和想像力豐富，幽默機智又舉一反三。你享受一個人但不寂寞的自由，當你將勇氣開關按鈕 Off，會發現一次次地錯失許多讓夢想成真的機會，你知道必須主動積極且有所犧牲與承擔，才能換來以最瀟灑的方式呈現你熱情活力的追夢人生。**觀金錢**，身兼數職努力賺取財富，對金錢緊張會提前儲蓄備用基金。投資在社交及學習上，是熱心公益的發起者。**觀事業**，你適合從事醫護人員、演藝事業、娛樂業、藝術文化工作者、健康醫療業、飛行員、觀光旅遊業、神職與行者或任何與動物有關的行業。**觀人際**，善於結交各類朋友，你喜歡表現親切隨和，也喜歡能共同成長的良師益友。

　　你深信人生要繼續，就是要外表保持光鮮亮麗，私下享受生活恬靜，不允許自己停滯不前，熱衷奔波的生活步調，創造專屬的深度優質生活。在擁有穩定的愛和護持下，你絕對會是勇往直前的超級領袖。你就像編織著愛的補夢網，也填補了傷的缺口，捕捉美好的夢，趕走了傷與痛。你知道死心眼的活著，永遠都不會快樂，有時只是安靜的坐著，放首寧靜的歌，你會覺察心起和心落，經驗到彩虹色的能量揚升，將幸福塞進你的瑣碎日常，轉換了焦點，就翻轉了人生。

外靈數 6

人物形象： 忙著餵養愛的超級牛仔

人生課題： 『學習善待自己，從自我苛求中解放』

　　6數代表圖騰是六角星型，稱為『大衛王之星』，另有佛教中的『卍』字，代表慈悲同理與療癒的能量，6數即是真愛之光。你凡事設想周到，解決問題能力很強，重視周遭氣氛是否和諧，就像大家的一哥、一姐，更是朋友圈中的心靈大師，情義相挺無怨尤。但重情重諾、容易陷入感情漩渦、無法自拔，總是過於犧牲下又不禁對身邊人挑剔嚴苛，容易迷失在自我要求的細節裡。你的情感內斂而溫柔，霸道表現在照顧人或給予指引上，你極需要讚美與肯定，若得不到期望中的感激，不會去傷害別人，頂多繼續嘮叨，然後更加倍犧牲付出，更殷勤地照顧對方，這就是靈數6的善良本質。你富有正義感，任勞任怨，擁有高層次的同理心。要注意的是，容易在不理智時做出錯誤的決定，容易付出多回收少、容易事倍功半。你的天賦潛能特別適合從事管理者、公關交際、社工師、心理諮商、療癒師等職業。

　　你的存在，有著非凡的意義，天使心腸如你，總是愛別人比愛自己多，照顧對方比照顧自己還要好，為別人承擔痛苦，對自己的傷卻視若無睹。喜歡為別人解決困難，容易關注到或吸引有狀況的人。多一分智慧，就少一分迷惘，真愛不一定要飛蛾撲火，不完美也是一種美，請善待自己，是時候從自我苛求中解放！

外靈數 **6** × 內靈數 **1**——堅持自我的創造者

開運色：奶油焦糖 ／ 生命課題：表達與創造

　　你很有活力也積極主動，頗具領導風範，但須避免自我意識過強，容易固執己見及心生質疑。個性直率，且想法實際，你需要的是支持，所以一旦受到質疑的挑戰，會讓你瘋狂地想為自己捍衛。你的生命呈現一種為別人付出、犧牲的能量，可能在過度的犧牲下，變得更加空虛寂寞。你希望忠於自我，凡事盡善盡美，在盡量滿足大眾需求的範疇下，也去思考自己的立場與需求為出發點，或為自己爭取利益。**觀金錢**，對自己卻很摳門，對身邊人很大方相挺，當你越是真誠待人，你的財運會更揚升。**觀事業**，適合從事藝術家、設計師、業務銷售、生技健康業、經理人、建築業、心理分析師等職業。**觀人際**，屬於靠直覺交朋友型，你是很願意付出的人，也很需要個人空間。

　　不要害怕灰色地帶的模糊，很多事情本就不是黑白是非的極端世界，改變觀看的視野及態度，你會很感謝這些不舒服，它是成就了你能獲得成長的禮物。你需要提昇真誠溝通的能量，你畢竟不是一個擅長自我揭露的人。另外，在施與受之間取得平衡，先解決自己的問題，再去解決別人的問題，不需要為了誰把自己的人生搞得一塌糊塗，超越自我的堅定信念，將帶你通往幸福的道路。

外靈數 6 × 內靈數 2 ——真心體貼的付出者

開運色：甜橘 ／ 生命課題：感恩與祝福

　　你有時候體貼得不像話，人前人後似乎很難看見你為自己著想，其實你渴望依賴，但老愛承擔責任的你，反而被鋼鐵意志領著小小的身體繼續往前走，哪怕沿路滿遍荊棘，你也不怕受傷。無論面對事業或家庭，你希望能夠實踐理想，也渴望擁有能攜手創造幸福的另一半，但總忍不住對身邊人嘮叨或控制，容易引起溝通衝突，內心也滿是傷痕。**觀金錢**，小錢不在意，大錢看很緊，對自己省吃儉用，對身邊人大方講義氣。**觀事業**，喜歡彈性工作模式，是整合行銷人才。適合從事演藝、藝術、音樂、設計師、醫護人員、心理師等職業。**觀人際**，你懂得去欣賞對方最好的部份，一旦交往就是搏真感情，人緣關係很好。重感情及求好心切下，也不免被拖累。你知道說話該保持微笑、討好委婉，但忍不住理直氣壯及臭臉發怒，有時情緒化讓你常常顧不了表面和諧。

　　尼采說：『白晝之光，豈知夜色之深』，如果這般深邃能夠劃破天際，形成一顆璀璨的永恆，你說這些痛苦算什麼，『凡不能殺死你的，必能使你堅強』。其實最難的，不是揮別過去說再見，而是向著心裡老是垂頭喪氣掩面哭泣的自己微笑。面對不屬於自己的責任請畫清界線，不再為他人承擔痛苦，感恩那些心碎的絆腳石，方能成就夢想。

外靈數 6 × 內靈數 3 ——詮釋夢想的藝術者

開運色：嬰兒藍 ／ 生命課題：回歸初心

你常常容易迷失在責任與犧牲中而不自知，透過真誠溝通或定時清理心靈對話，也可藉由藝術創作自我療癒，這都很適合具靈性美感的你。你的存在感強烈，希望對方了解你的付出與一片真心，因為你總把對方當作是最珍貴又特別的存在，你希望自己也是對方心裡那朵最香甜的玫瑰。**觀金錢**，生性節儉，但也有藝術收藏的喜好。當你越是真心服務及協助，反而財源滾滾來。**觀事業**，藝術天分很高，對美的創造力很強，適合從事幼兒教育、藝術創作、音樂及舞蹈、廣告媒體、公關行銷等職場舞台。**觀人際**，天生脾氣好，又好相處，擁有一張很討喜的童顏與天真個性，自然不做作又幽默逗趣，很受大家歡迎。

對別人的痛苦感同身受，不免太過敏感而苦惱了自己。你需要放過思慮繁雜的腦袋，徹底放鬆，練習淨空心靈螢幕，你才能真正活出自己的務實人生，而非活在夢想的憧憬中。靈魂來到世上，總有學習的使命，你要學習的是，從更高的視角觀望一切，你會對周圍的能量有更大的知覺，將更明白這些痛苦及美好的存在，而非被負面所感染，透過寧靜與安定的能量，去擁抱真實自我，維持善良本心，並畫出你童話般的理想世界。

外靈數 **6** × 內靈數 **4** ——堅守原則的付出者

開運色：抹茶綠 ／ 生命課題：心藥與盛開

　　你像失去國土的王者，需要克服潛藏內心的恐懼與不安，害怕失去健康、失去財富、失去地位、失去愛和家，甚至是死亡，你至少還保有感受與覺察的能力。你個性穩重，工作勤奮，凡事追求盡善盡美，缺陷也是完美的一部分，需要不斷提醒自己，重燃熱情的生命力，突破僵固的思維。你不喜歡被打亂規律及生活步調，如果能夠更富彈性及隨機應變，關係會變得更圓融。**觀金錢**，你會拼命賺錢，也會拼命省錢，看到鉅額存款你才有安全感，但你對身邊的人非常熱情大方，很願意出手相挺。**觀事業**，適合從事醫生、生技健康、營養、食品、經理人、藝術家、心理師等職場舞台。**觀人際**，因為重視承諾，內心經常為此受盡折磨，也容易為情所困，心裡總背負許多枷鎖，辛酸是別人看不見的。你把每段關係都看得非常重要，也想創造出不同的可能性。

　　世事隨時都在發生，每一刻都值得你去珍惜，你必須學習集中去正視問題及覺察恐懼的情緒，並實際採取行動去解決。你可以選擇定期吃素來為身體排毒，神清氣爽下，你的心靈也排毒了。沒有人可以拯救你的不安，勇敢是天性，正如你的體貼善良是天性一樣。當你的心穩定了，自然吸引穩定幸福的關係。當你親手取得了心的藥方，『花若盛開，蝴蝶自來，人若精采，天自安排』。

外靈數 6 × 內靈數 5 ——渴望幸福的完美者

開運色：柔膚粉 ／ 生命課題：鍛鍊溫柔

　　生命對你而言，就像一場為世人帶來幸福的表演，你像活在自己世界裡的宙斯，從殘暴的武器中，鍛鍊溫柔的絕技，直到內在的衝突停止攪拌你的痛楚，你會變得溫暖和願意付出，發揮獨立的天份，將才華潛能展現極致，你將召喚屬於你的天使團隊，領導他們創造豐盛，此刻你才終於有權力依賴。**觀事業**，你不怕吃苦且耐勞努力，相信願意接受磨練的心，一定會成功。有做生意的長才，善於合作及談判。適合從事教師、哲學、音樂家、廚師及食品業、管理等職場舞台。**觀金錢**，豪爽大方又有求必應，也積極熱心公益。**觀人際**，笑臉盈盈，待人十分親切，喜歡照顧大家，群眾魅力強，受到愛戴與敬重。

　　你要求自己凡事面面俱到，卻敏感到因為一點評價就自我懷疑，為人著想而付出犧牲，總扮演吃力不討好的角色，無端惹來評論中傷，因此內在承載了許多負能量，活得身心俱疲，心靈黑板蒙上一層厚厚的粉灰。別人看你閃耀的一生演盡繁華，其實你在嚐盡孤獨裡成長智慧，你渴望能成為大家心中最耀眼的太陽，每一步都領受著祝福，照亮希望，迎接幸福。而愛，不是只有犧牲，完美人生有時可能只是你表現出了你的獨特，所以綻放得如此美麗。

外靈數 6 × 內靈數 6 ——善待他人的自律者

開運色：覆盆子 ／ 生命課題：為自己活

　　你擁有與生俱來幾近完人的特殊才華，充滿創造力，對生命不輕易服輸的精神，成了為你擋風遮雨的盔甲，應付衝擊的洗禮。你相信唯有認真和努力，就能獨領一席之地，所以你讓毅力走在前頭，為了完成自我實現，下足苦工，嚐盡酸楚，時常負傷出征，甚至重複在傷疤裡拉扯的劇碼，都只因你不願自己還沒成功就宣告放棄。**觀金錢**，你為人大方，實際上過得很節儉，擁有一副天使心腸，對自己人很願意出手相挺。**觀事業**，善於分析，十分敏感，擅長管理、社交能力強，適合從事藝術創作、音樂家、廚師與食品烘焙、教師、醫師、諮詢顧問等職業。**觀人際**，個性簡單自然好相處，擁有自我解嘲的幽默，依賴閨蜜好友，卻報喜不報憂。

　　你不懂得拒絕別人，習慣一昧付出，心懷慈悲願意幫助心靈脆弱的人，所以容易吸引不健康的關係。為別人犧牲自己，眼中只看見別人的需求，而忽視自己的渴望；你願意慈悲待人，卻忘了對自己溫柔，練習用愛及呵護作敷料，重新養傷，屆時你可以選擇狠狠地剪去心靈上的創疤，也可以選擇畫成一幅畫。你渴望簡單生活，也懷抱浪跡天涯的夢，你需要學會放過自己，擺脫規範的標準尺，按心所想而活，才會美麗又快樂。

外靈數 6 × 內靈數 7 ——貼心完美的啟發者

開運色：淡紫丁香 ／ 生命課題：觀照心田

　　你的優雅美麗，飄著知性的香氛，對人生獨有的見解，可以一針刺進受傷靈魂的最深處。你相信未來充滿無限可能，只管做好自己，堅定方向，直行前進，沿路都是美麗的風景，因為你的心亮了，所以傳遞的都是快樂，都是陽光。你一向靈感力十足，特別能掌握實機表現，若沒有趁勢追擊，乘風而上，將顯得焦慮難受。能擺脫不安和焦躁的情緒化，自然給得起歡樂和穩定的關係，這也是你努力的目標。**觀事業**，適合從事藝術創作、廣告業、餐飲食品業、律師、教師、醫師、研究調查、哲學思想家、心靈療癒師等職場舞台。**觀金錢**，財運一向不錯，只要物超所值，就會情緒化消費。看起來好商量，其實對數字很精明。**觀人際**，好人緣爆棚，用心經營朋友圈，對自己人幽默直言，對不熟的人禮貌客套。

　　你的堅強和毅力讓人心疼，就算是愛得不完美，也是一種完美，別苛責，你會在為別人承擔痛苦的陰雨天裡成長。請回到心靈的玫瑰花園，勤勞灌溉心田，擦去了淚水和汗珠，當你抬頭仰望，知道最燦爛的星空一直都在為你祝福，你並不孤獨，你是光和愛，一直一直在閃亮。

外靈數 6 × 內靈數 8 ——沉穩謹慎的冒險者

開運色：古銅金 ／ 生命課題：沉潛與歸零

　　你給人內斂又沉穩的印象，其實個性直接坦率，不如外表看來溫雅沒主見，其實內心充滿企圖與野心，個性固執又剛強，對於所堅持的事很難說放就放。但是當你越強捍，就離愛越疏遠。**觀金錢**，生性節儉、對別人大方，理財投資眼光佳，努力累積財富型。**觀事業**，工作認真又負責，要求執行與效能，適合從事演藝、金融、管理、餐飲食品業等職場舞台。**觀人際**，你溫柔善解人意，善於討好取悅，總是掏心掏肺地厚愛人，不懂得拒絕，讓你的心很累，常常感覺快要窒息，其實你也需要討拍與傾聽。要留意的是，當你越成功時，越容易樹大招風，時時把心放空，才能注入更多智慧。

　　你像一抹載滿心碎的輕舟，在風浪裡飄啊飄地奮力追尋自由。你知道心裡有一股巨大的能量蓄勢待發，卻曾經渺小地以為就是抓緊愛不放，滿手的玻璃碎渣終究能痛醒你的沈睡，哭完了這低潮，沈潛與歸零後，即刻重新開始踏上痛快的旅程，上一次的不鳴則已，這一回要一鳴驚人。一輩子那麼短，是需要為自己創造輝煌的時代，你的成功來自於並沒有放棄尋找，所以能獲得救贖，無論在日或夜，有一種優雅，是懂得拒絕，有一種幸福，是將心碎活成了感謝。

外靈數 **6** × 內靈數 **9** ——熱心正直的奉獻者

開運色：鵝黃色 ╱ 生命課題：真心與堅定

　　你善良獨立，也很認真生活，願意承擔責任，也清楚拿捏責任的自由度。當你發現人們遇到問題或困難，你內心就開始掙扎，陷入天人交戰的煎熬，你希望幫助人，也害怕被過度依賴。**觀事業**，你認為所有事情都與『價值』有關，希望能透過專業領域來傳達價值理念及倡導教育，來領導所有人邁向成功，無論是使用網路媒體或實體平台，這正是你畢生志業所在，你清楚知道社會責任是匹夫有責。適合從事醫生、心理師、傳教士、演藝、政治界、藝術家、音樂家、哲學家等職場舞台。**觀金錢**，賺錢野心及投資理財能力強，但容易受人利用。對金錢緊張有壓力，要存有備用款，是對食衣住行都節儉的小氣財神。非常熱心公益，對人大方義氣。**觀人際**，重視情誼的經營，對身邊的人容易高標準，所以常常壓得自己和對方喘不過氣。

　　你追求一個看不到盡頭的時代，渴望成為所有領導者的領導人，你能一旦看出問題的癥結，就能知道如何順利解決問題，正是你所擅長的獨絕才華。當你的善意和彈性並不為人們所接納時，你只需學習在付出與收穫之間，取得健康的平衡關係，檢視恐懼如何纏繞著你，堅定自我、覺察真相，你的夢想一定能夠幫助人們啟發與改善生命。

外靈數 7 ⭐

人物形象：沒有明天的通靈少女
人生課題：『若單純只有幸運，不足以破繭羽化』

　　7 數代表圖騰是幾何圖形中的七邊形，是靈性與真理的能量，也代表完美的『幸運數字』。靈數 7 的人散發一股獨特的知性魅力，感性與理性兼具，特別講究直覺、質感與內涵。你是低調泛著光的靈，畢生以哲學家姿態俯瞰人生，「我思故我在」，深信宿命及因果業報，天生好奇、追根究柢，思考、剖析人性與心靈對話，透過尋求真理、啟發智慧，再推翻所驗證的答案，一生都在追尋至高無上的真理。你天性靈巧機智、用詞犀利、具爆發力，瞬間第六感強，也喜愛沐浴在浩瀚書海外求理性知識，好讓智慧翅膀茁壯、更有力量飛翔。天生帶有神祕而慵懶的藝術家氣質，生活步調隨興，重視隱私，生性多疑、忽冷忽熱，像神隱少女，與人群疏離，喜歡隱居到最舒適的角落。天賦潛能適合從事學者、品管、廚師與餐飲食品、工程研究、偵探律師、心理分析、命理占卜、醫師等職業。特別擅長把思想化為作品表現出來，透著靈性之光，啟發世人。

　　你飄渺不定的挫折不少，但福報能量也聚足，人們只閱讀了天賜的幸運，投以欽羨目光，殊不知必須歷經磨難，才迎來命運的翻轉。在生命旅程中，自我懷疑容易形成跨欄的屏障，在每一段碰撞期攪拌著你的苦痛。要將每一天都活成最後一天般的珍貴，就能締造『以無法為有法，以無限為有限』的傳奇。

外靈數 7 × 內靈數 1 ——隱私神祕的開創者

開運色：印第安紅 ／ 生命課題：翻轉幸福

　　你頗有個性魅力，給人一種神祕的距離感。你也著重理性思考，對什麼事都以高標準、高規格在品頭論足及挑剔，認為所有人都得提昇成長，無法接受停滯不前的衰退，這會讓你失去了安全感。**觀人際**，不善交際應酬又重隱私，喜歡與人相處，但更享受獨處時光，朋友一定要是赴湯倒火的靈魂摯交，否則寧可孤單一生。但願意為了工作去開創人脈，你舉手投足間的魅力，受到許多人默默喜愛。**觀金錢**，對金錢精明，財運一向好運，也有投資理財的天份，一旦匱乏就會努力去創造財富，幸運之神特別眷顧你，常在緊要關頭逢凶化吉。**觀事業**，適合從事研究調查、研發專家、偵探與律師、心理分析師、顧問、編劇與導演、廚師與餐飲食品業等職場舞台。

　　你是一名感性的哲學家，對於生命你常以『局外人』的姿態在欣賞，你對獨特的表現是一種單純的嚮往，也是你純真之處。你害怕現實，拒絕看穿真相，你用視而不見的方式，來詮釋你對逃避的美感。其實最美的希望，就在於黑夜與白天的交界之間，就算把自己逼到絕境，這也是你激進而瘋狂的成長方式，你享受在多層次的思想中，慢慢扭轉局面，閃耀屬於自己的光芒。

外靈數 **7** × 內靈數 **2** ——顧全大局的平衡者

開運色：奶油黃 ／ 生命課題：學習灑脫

　　你擁有優雅知性與體貼細膩的氣質，需要朋友也依賴合作夥伴。崇尚至高無上的神聖靈性，你的敏感細膩，在字裡行間示現。情緒容易受到影響，需要鍛鍊好心靈翹翹板的平衡感，多些自我肯定的自信調味，寫下屬於幸福的人生。**觀事業**，適合從事藝術文學、心理、時尚、媒體等領域的工作，如演員、作家、藝術家等。**觀人際**，你重視隱私，不論私交或事業夥伴，會保護朋友圈及品質。**觀金錢**，對數字精明敏感，在人際花費多，喜歡學習進修及創業投資，也容易失心瘋而情義相挺。

　　你會為顧全大局犧牲自我，想保有本質的光卻選擇迎合，你選擇在生命中當一名溫柔善解的詩人。有時明明還沒放下，卻得學習原諒，你像天使般用心償還一切。生命列車會催促你往下一站境界走去，有時候站牌到了，你就得下車了，必須不斷在激烈的擺盪中，挑戰你的承諾，質疑你的勇氣。你可以選擇淡忘，但記憶無法刪除，如詩人尼采所說，『祝福健忘的人，因為忘記錯誤會過得比較好』。

外靈數 **7** × 內靈數 **3** ——靈性美感的溝通者

開運色：嫩芽綠 ／ 生命課題：超越自我

　　你渾身散發靈性美感的氣質，像落入凡間的精靈般脫俗不凡，是重視形象、有偶包的類型。說話總是心直口快、用詞直接犀利不善修飾、對不在意的事情善忘，但個性其實可愛，像孩子般純真。人生是一場看不到終點的旅行，追求完美與智慧下，你願意去欣賞不同的風景，實現你想創造的體驗，透過不斷地潛修與思考，你想做的是創新與超越。**觀事業**，你是美感的偏執狂，稍有瑕疵、失去美感，就像天秤無法平衡重量，是一件極不舒服的事。擅長表達藝術、創意設計、心理分析、公關、代言等領域。**觀人際**，會讓人覺得容易渙散、太依喜好行事，過於天真樂觀、容易受騙。**觀金錢**，大部分花費在外在形象提昇、家庭或感情上，你也有收藏藝術品的喜好，也喜歡進修學習身心靈課程。

　　你需要提昇讓心靈沉澱的能量，放下任性和自以為是，你不容許被摧毀的幸福，越害怕失去，越要用心守護這份圓滿。關係是必修課題，情緒激烈波動下，容易語帶批評挑剔，必須學習感受及內觀，『門外沒有別人，只有自己』，你可以把缺愛成一種美。

外靈數 7 × 內靈數 4，——循規蹈矩的典範者

開運色：薄荷藍 ／ 生命課題：連結靈性

　　對你來說，家庭的穩定與安全感是支持你與現實搏鬥的重要力量，一輩子都在為自己和別人建立安全感。你性急缺乏耐性，很用力刻劃人生，但記得，可以用心但不用力，會更容易水到渠成。**觀事業**，喜歡照著內心的 SOP 工作，按部就班地進行，很重視組織效能，會不斷檢視。你有整合行銷的天賦，結合資源複製成功模式，特別適合從事房產仲介、銀行與金融業、廚師與食品業、科技業、音樂創作等職場舞台。**觀金錢**，對金錢敏感又精明，善於理財投資，會拼命賺錢，也會用力花錢，開銷在家庭及交際多。**觀人際**，真誠待人，給人一種值得依靠的安全感，因此好人緣爆棚。

　　你需要提昇溝通的能量，太流於形式與框架，堅持瑣碎的魔鬼細節，反而創意易受阻難發揮，溝通也易失和，在過於理性分析下，若缺乏感性的元素，靈性難以提昇。與生俱來對生命存有一種莫名的恐懼情緒，克服心中所有的不安，保持身心靈健康，會增強你的好運指數。不需要去屈就你不喜愛的事件，請開啟你的直覺力，去跟隨心血來潮的衝動，允許自己有夢，並身體力行去行動，為生活創造樂趣，會發現創意能量甦醒，呈現前所未有的成功。

外靈數 **7** × 內靈數 **5** ——自由至上的冒險者

開運色：曜石黑　／　生命課題：收放自如

　　你活力洋溢，熱愛自由又冒險的生活，擁有獨立而勇敢的靈魂，總是馬不停蹄的奔波，只管去闖蕩自己的人生舞台。自主性很強，擁有『這輩子不要成為別的誰，就是要做自己』的率性灑脫。你的個性大刺刺的，有別於 7 數給人的低調沉穩，但內在容易壓抑自我，如果能透過工作表現，讓你盡情釋放創造的能量，就能撫平容易焦躁不安的情緒，也穩定你的心。**觀金錢**，購物會在意價格，但為人大方海派，喜愛花費在享受美食與愛美上。**觀人際**，熱愛自由又重朋友，不喜歡被約束，需要個人隱私，喜歡舒服快樂的待在自我空間中。**觀事業**，你是語言天才，業務能力很強，適合從事藝術、餐飲業、娛樂業如歌手或演員、廣告與媒體業、公關與行銷業、旅遊業、心理分析師等職場舞台。

　　當你感到越輕鬆自由，你就越快活。面對生活，把人生當作一場旅行，你是真正的冒險王，無所畏懼，面對挫敗就是累積成長的花蜜，你也是自己的心理醫生，你不喜愛悲觀的態度看世界，因為你已經是一個用力微笑的人，畢竟靈魂的彼此成長，不一定都是陽光正向的劇本，放下執著與鑽牛角尖，悲傷過後，你會看見你踩著影子的背後，就是支持著你的希望。

外靈數 7 × 內靈數 6 ——完美主義的征服者

開運色：香草白 ／ 生命課題：自信與突破

　　你會為了經營穩定的關係，犧牲自我，不管現在處於開滿花的天堂，還是顛簸的雨季。你認為愛就是無條件付出，就是放心給彼此空間，總是用力付出來征服對方的心。寧可在自己的世界裡吹毛求疵、雞蛋裡挑骨頭，但苦了自己、也累了身邊的伴。你具有高度的同理情懷與感受力，所以你會將這份愛的能量注入作品中，當你是作曲家，你創作的旋律會非常療癒人心；若是畫家，屬於藝術療癒氣質的印象派。**觀金錢**，對數字敏感，凡事親力親為，寧可省下來補貼家用，喜歡物超所值的商品。**觀事業**，你特別適合從事貼近心靈療癒、美食、教育、生技、保養相關工作。你需要提升自信及突破自我，去爭取更多表現機會，將重拾主導權。**觀人際**，和你相處讓人如沐春風，交朋友是知心摯交，很願意去傾聽，或擔任身邊朋友的心理師。

　　你要相信你就是有這份幸運，能創造各種可能性，不再因無謂堅持而重蹈覆轍、自我設限，廣納他人觀點。甩掉虛幻的完美框架，它讓你窒息、無法逃脫，現在就把勇氣加滿加好，去冒險吧！你對任何人情，都可以別那麼捨不得，但你必須對自己不捨，請好好學會珍愛自己。

外靈數 **7** × 內靈數 **7** ──爽朗率真的幸運者

開運色：晶鑽銀 ╱ 生命課題：穩定與考驗

　　你就像一匹高貴有悟性的狼，是個很有思想的人，擁有一朵率真的靈魂，知道自己矛盾又偏執，嘗試不斷拿掉框架，去體驗人生的平地波瀾。無論與人群有多疏離，當見證了真理，就感受到與這個世界有多麼親近，這樣的你心胸會越來越開闊，因為，你會用心去化解內外的衝突。你很灑脫，當你接收訊息的天線越清晰、靈感力越強時，越能夠在人生舞台上表現精湛。**觀人際**，你是天生的福星，常常是貴人早已蓄勢待發，整個宇宙會在你準備好的時候，投以你所需要的人脈資源和契機，隨時支援及保護捍衛著你。**觀金錢**，對數字精明、斤斤計較，但花錢隨興，只重視品質和感覺。**觀事業**，你多才多藝、亦文亦武，在事業上表現精湛，特別適合與人性、心理、哲學、研究、調查、編劇、導演等工作。

　　『清空你的杯子，方能再行注滿』一出自此數字組合的巨星李小龍。你需要提昇明心見性、觀照內在的能量，透過省思去解開迷霧。人不會一生都幸運、毫無阻礙，只是當風暴來襲，正是考驗著如何更精進你的智慧與功夫，走出卡住生命的無限迴圈。

外靈數 **7** × 內靈數 **8**──夢想成真的實踐者

開運色：青玉色 ／ 生命課題：誠實與覺察

　　你看起來隨興自在，為人熱情又正義，也追求智慧與靈性，重視財富與物質生活，滿腹野心。你會努力實踐目標，讓夢想成真。但這組數字組合，生命際遇起伏比較大，不是大好、就是大壞，容易獲得敬愛崇拜的成功，若因為恐懼而選擇不真實面對自己，也很容易受重傷而倒地。**觀事業**，非常有商業頭腦，雖然為人隨興，但若有人踩到雷，絕不罷休。憑藉著對權力財富的重視，再加上不屈不撓的精神，一定能得到非常不可思議的成果。適合從事銀行金融、演藝事業、廚師與餐飲食品業、業務行銷、經理人、教師等職場舞台。**觀人際**，所交往的朋友大多與自己事業相關，重視人際往來的經營。**觀金錢**，生性勤儉節約，重視日積月累的財富，會把金錢投注在事業上，若有額外的收入就會很大方。

　　不管來到人生谷底或低潮，不管你是快樂或悲傷，你需要重新捕捉情緒的能量，重新覺察你是誰，不怕午夜夢迴湧上的孤單與恐懼，『願意對自己誠實，成長的力量就無可限量』。你要面對的考驗是承擔重責，同步在家庭、事業與社會，人生的轉彎處，不分年齡，但你可以決定別那麼步步驚心。

外靈數 7 × 內靈數 9 ——挑戰極限的突破者

開運色：琥珀色 ／ 生命課題：接收與感受

　　你生性天真浪漫，給人禮貌又優雅的印象，其實很堅強又獨立，總是覺得自己實力不夠完美，所以願意投入許多心血去學習，逼迫自己成長。有時候好像天線斷訊一樣，常常有些無厘頭的表現，反而頗受歡迎。你需要面對衝突與對立的挑戰，必須經歷很多的波折與苦難，會有很多內、外界的魔考等待著你。**觀金錢**，頗有金錢壓力，斤斤計較，會努力備有存款基金。**觀事業**，你有文字天份，特別能勾勒出畫面和意境。適合從事演藝事業、藝術創作、神職人員或修行者、醫護人員、音樂創作、健康醫療業、媒體記者等職場舞台。**觀人際**，你活潑善良，喜歡取悅朋友，善於為朋友解決問題。觀金錢，喜歡物超所值的商品，對金錢很計較，學習力旺盛的你，很願意投資在進修提昇上。

　　你擁有古典美的傳統氣質，但卻有挑戰傳統的反骨精神，突破極限而轉型的人生，對你來說才痛快過癮，很容易成為當領域的大師級人物。你很在意傾聽和回應，但常常抓不到節奏感，保持安靜的聆聽，只需要練習純粹感受、體驗、不回應，你更能夠接收到宇宙還給你的能量與訊息，這都是你成長的靈感與養分。

外靈數 8

人物形象：鐵漢柔情的霸道總裁

人生課題：『人生需要放下，才能擁有更多』

　　8 數是幾何圖形中的正八邊形，也是數學符號中的無限符號『∞』，代表善惡果報的無限迴圈，8 數與金錢關係密不可分。靈數 8 是天生企業家，眼光精準、擅於開發，獨具一眼看穿潛力股的超能力，商業邏輯佳、唯物主義、善謀略、執行力強，不是空想、愛做夢的人，擁有將理想美夢成真的魔法技能。你天生具有強烈權力慾和領導才華，是商場上厲害的狠角色。外柔內剛，個性熱情堅毅，同時飽讀詩書、滿腹經綸，重視內涵，有能力啟發潛能，協助他人自我實現。愛好和平，容易因外在表現善待他人、內心卻正破口大罵，習慣隱藏情緒，不願破壞和諧，不忍發生紛爭。過於壓抑情緒的模式，容易健康亮紅燈，必須學習徹底釋放及解憂的方法。你的天賦潛能適合從事娛樂、演藝、金融、會計、法律、警政、運動等領域的職業。

　　若靈數 7 的成功來自好勝的意志力和幸運，你更是懂得洞察機緣、掌握時間與投資、支配及掌控力量的金頭腦。你是用熱情打開夢想新世界的隱藏大明星，『能堅持別人所不能堅持的，才能擁有別人不能擁有的』，不僅建立企業王國，更是投資別人夢想的圓夢大師。『人生需要放下，才能擁有更多』，放下站在追求富貴位置上，所犧牲掉的這些那些，都是你選擇成為成功歷史的奉獻。

外靈數 **8** × 內靈數 **1**──追求高峰的創造者

開運色：薰衣草紫 ／ 生命課題：奉獻社會

　　你有絕對的男神女神風範，自在率直，且完美至極，由內而外透著獨有的聰穎氣質。你對工作充滿熱忱，做事務實負責，執行力強，無畏挑戰、掌握創新的能量，對想完成的任務都會付諸實現，時常端出令人驚艷的亮眼成績。無論你身處何種領域的職業，你重視個人隱私，喜歡與人群保持不敏感的距離，那是你擁有快樂的權利，堅持『人不犯我，我不犯人；人若犯我，我必犯人』的霸氣。**觀金錢**，金錢富裕時對人對己都大方，荷包緊縮時，就全都省。**觀事業**，追求完美，充滿藝術創造力，適合從事藝術家、演藝、演員、導演、業務、管理等職業。**觀人際**，朋友圈大多是合作夥伴，閨蜜摯交較少。你的戀愛對象最好是事業夥伴，兩人能夠互相扶持，共同開創所有的可能性。

　　你是追求事業高峰的成功者，其實渴望簡單樸實的生活，你需要提昇溫柔與覺察的能量。你的認真與嚴格，常讓人有強勢的錯覺，也不需要覺得每個人的快樂都與自己有關，那是他們自己的選擇，你也可以為自己選擇。試著跳脫生活觀點，減少自我批判，發揮清晰的覺察力，送給人們你想要的一切，你就會獲得，例如尊重與認同。

外靈數 8 × 內靈數 2 ——依賴團隊的追隨者

開運色：藕粉色 ／ 生命課題：擁抱真實自我

　　你總是表現勇敢與自信的英雄姿態，擁有一副堅毅強悍的外表，內在感情豐富，卻有脆弱易碎的靈魂。面對事業，對你來說，倚賴團隊是很重要的，一個人無法獨立完成作業，必須透過不斷連結與整合，來達成目標。你擅於連結人脈資源，開創屬於自己的夢想舞台。礙於自尊心強，害怕競爭衝突，得失心重，容易錯失良機。**觀金錢**，對家人無私付出，省自己、卻大方出手相助的特質。**觀事業**，你擁有絕佳的鑑賞力與創造力，適合從事藝術、心理學家、藝術評鑑、新聞記者等職業。有時過於依賴或自負，偶有判斷失準的問題，而做出錯誤的決定；必須學習承擔。**觀人際**，太過好強的你，需要好友互相依賴，適時撫慰療傷。

　　過於感情用事會影響你的思考，無法做出最佳的評估及選擇。競賽總有輸贏，輸了比賽不代表人生失敗，請放下是非對錯好壞且極端的批判與框架，那會讓你的世界不再有晴天，憂鬱不適合如此完美具爆發力的你。撕下的標籤越多，釋放的恐懼越多，獲得成就的快樂就越多！

外靈數 **8** × 內靈數 **3** ——創造機遇的連結者

開運色：甜蜜橘　／　生命課題：溫柔與割捨

　　你是外靈數 8 中最孩子氣、最單純無邪的，個性大喇喇的，行事作風是大男人主義或女漢子姿態，內在卻是個小小孩，說話直接不拐彎抹角，不善修飾言辭。你絕對是努力不懈的最佳代言人，面為工作熱忱敬業、總是全力以赴，懂得淨空心靈、反省充實自己，追求創新精進的表現。你多了份純真和出世的脫俗，少了商場上的權力鬥爭和心機，眼中不只有世俗的利潤而已。**觀金錢**，你會為了提昇物質條件勤儉節約、日積月累血汗錢，若經濟豐沛就會把錢看的很淡，會花費在喜愛的收藏品，有時看得比什麼都還重要。**觀事業**，適合從事與兒童教育、媒體業、藝術表演等相關產業，如感覺統合治療師、行銷公關、主持等工作。你會不斷創造契機，去連結每一個群體資源，並複製成功模式進而推廣，壯大事業規模。**觀人際**，你總是真誠待人，心思細膩、感同身受、很願意照顧別人，絕對會是情義相挺的絕世好閨蜜，面對愛情亦如此。

　　面對人生低潮或情緒低氣壓，不懂得詮釋，也無須再掩飾，試著學習表達你的溫柔與傷痛，你有權力幸福，也有權力憂傷，『看淡了才不再奢求，揮別過往，才能擁抱自由』。

外靈數 8 × 內靈數 4, ——鋼鐵意志的組織者

開運色：抹茶綠 ／ 生命課題：有愛則強

你是外 8 中最堅強穩定且有愛的，對你來說，創意與天真，是支持你存在的完美呈現。你追求穩定的工作發展，不允許被打亂步調，你的事業體總是充滿愛和生命力，若能軟化生性固執而有所變通，且願意突破，如你為愛奮不顧身般的果敢，就能獲得更多成功的創新理念，為事業領域增添不少光彩。**觀金錢**，所付出的金錢大多與事業及家庭有關，重視錢財，點點滴滴辛苦存下來，對於額外的獎金會大方分享。**觀事業**，喜歡從事穩定性高或技術性的工作，適合工程、會計、房產業、藝術表演等職業。**觀人際**，天生看來無害，待人客氣和善，對待摯友是當成家人一樣的呵護寵愛，是朋友圈中愛逞強的可愛天使。

你的生命因愛而生，有愛則強，需要穩定的愛和關係護持，讓你在事業上闖蕩能無後顧之憂。若你觸不到想要的幸福，請釋放你的憂傷或憤怒，你不是沒有成長，而是正在努力紮根的道路上。你需要嘗試放鬆，去轉化恐懼與悲傷，這些磨難的拉扯，造就了你鋼鐵般的溫柔力量。

外靈數 8 × 內靈數 5 ——隨遇而安的尋心者

開運色：嬰兒藍 ／ 生命課題：回歸初心

　　你擁有『反差萌』的魔性特質，個性獨特、性格叛逆，心思敏感、創造力豐富，總是不按牌理出牌。看起來是慵懶且隨遇而安，灑著優遊自在、熱愛自由的孩子氣，其實內心非常脆弱，依賴心很重。**觀人際**，情緒化和說話一樣，常常直接到得罪人而不自知，收斂一下自我的程度，友誼會更增溫度。另外，桃花人氣通常很旺、工作機遇佳。**觀金錢**，喜歡隨心所欲，為了夢想會努力掙錢、存錢。**觀事業**，你喜歡奔波多勞，充滿挑戰性的工作模式，特別具有商業邏輯與執行力，很棒的業務口才及創新天賦，適合從事傳媒、演藝、美食相關等職業。你必須保持善念，經營良心事業，這對個人運勢是光明的展現，也因此庇佑家運興盛。在內心你渴望建立穩定的組織與企業，每當想要有所進展或轉型時，會遭受思維的碰撞與拉扯，不妨暫停下來謹慎評估，想要有所突破，就讓反傳統的創意理念引領你前進。

　　你捨不得將就如此短暫的一輩子，如何找到真心，而不失去自我，只有時時提醒自己—『擁抱初衷』，就能更穩定與自己的親密關係。幸福，就是不斷突破挑戰，這正是你性格獨特的所在。

外靈數 8 × 內靈數 6 ——穩重負責的承擔者

開運色：經典黑 ╱ 生命課題：活在當下

　　你給人感覺成熟穩重、很有安全感的，而你是性情中人又情緒敏感，常常寫在臉上，戲劇張力難免浮誇，讓人對你常有性格火爆的誤解。對你而言，承擔企業責任是很重要的使命，也學習著如何把成功的理念傳達給社會大眾。**觀金錢**，天生缺乏安全感，追求物質上的富足，心裡才踏實。對自己節省，對自己人有求必應。**觀事業**，適合從事餐飲、食品業、管理、營養、生技、保養等職業，你非常有責任感、勇於承擔，會致力創造理想事業。**觀人際**，交朋友豪爽義氣又海派，身為你的伴侶，就什麼都不用擔心了，因為你會把對方照顧得很好，是值得託付的對象。比較容易遇到關係與人際的問題，平地起風波，不見得是發生在自己身上，卻會讓你不斷遭受波及。

　　你需要提昇能帶來沉澱與防護的能量，職場上需要不斷處理人際角力問題。珍惜靜默的時間，幫助自己恢復能量，反觀歷歷在目的過往，拒絕成為時代的犧牲者、也不再被辨識不清的責任綑綁。當你開始卸下不屬於自己的能量，且活在當下，深愛著當下的你，而非他人期望中的模樣，你就有力量去建構完全屬於自己的夢想平台。

外靈數 8 × 內靈數 7 —— 散播慈愛的修行者

開運色：海棠紅　／　生命課題：閱讀快樂

　　你是外 8 中擁有感性而飽滿的嗓音，享有幸運和知性魅力於一身。你堅強的毅力，有目共睹，你是真正的勇者無懼，再大的困境或挑戰，往往都能突破，再創造新的契機。你追求物質生活，但得失之間，自有分寸，內在透著靈性之光，慢慢淬鍊出智慧結晶。你是熱愛思考的修行者，對你而言，商界只是一幕劇場，盡力扮演好每一個角色，享受每一分快樂，不斤斤計較的態度，過好每一個今天，不讓愛你的人失望。**觀金錢**，你很重視物質金錢，財富皆是勤奮努力、日積月累而來，投出的每一分錢都計算精明，花費重視品質，有時大方、有時小氣。**觀事業**，身兼數職，也會盡力做好。適合從事評論家、思想家、演藝娛樂、演員、編導、廚師等。**觀人際**，善於交際，會適度保有一份美感的距離。慈善有愛心，是響應愛心的傳播者，很願意承擔責任及幫助人，也懂得拿捏分寸。

　　你需要提昇熱情的開運能量，生命中得與失之間，經過無數個琢磨和痛苦的反思，才讓你閱歷了快樂。當你看見了自己最真實的部份，成為了自己，你將鼓舞世人有被討厭的勇氣及成為自己的熱情！

外靈數 8 × 內靈數 8 ——內外一致的創富者

開運色：珠光銀 ／ **生命課題：內省與穩定**

　　你心思敏感細膩，善於洞察事物及解決問題，天生老闆命格，具有強烈的領導欲，擁有白手起家的潛力。常是財經專才、善謀略，喜歡金錢遊戲，謹記：『人道酬誠，商道酬信』，才能天助人助、獲得人際肯定，講求誠信、必得回報。**觀人際**，須避免心高氣傲，過於利益導向容易樹怨。善於取悅討好，利於交際應酬，但不利桃花，常有很多豔遇，必須格外用心經營與另一半的關係。倘若走偏了感情路，很可能會陷入情感糾葛，身敗名裂，務必真誠以待、避免不必要的傷害。**觀事業**，適合從事警政、金融、管理、運動、新聞媒體、法律、相關工作。**觀金錢**，對數字敏感，懂得借力使力，以錢滾錢的投資生財，致力賺取財富，對額外金錢大方。

　　情緒太過壓抑，不容易敞開心扉，心緒反而容易浮躁。你需要提昇內省的能量，讓理想能美夢成真。對你而言，外界的評價並不是那麼重要，過濾掉雜訊，擷取能讓你成長及修煉過關的智慧『肯定你的能力，穿越重重挑戰，覺察阻礙你的力量，你會發現，你以為傷害你的，不是別人，竟是自己。終於，你內在會回歸知足、圓滿的喜悅。

外靈數 8 × 內靈數 9 ——美夢成真的致富者

開運色：象牙白　／　生命課題：歸零與重生

　　你多才多藝、機靈活潑、足智多謀，個性堅強而獨立，擁有高尚而強烈的領袖特質，是職場領域的大師級角色。你觸角敏銳，善於開發具有潛力的事物，會竭盡所能琢磨成器，認為這是你此生使命。平時熱情豪爽好相處，不愛紛爭衝突，當路見不平或被迫的局面，必發動攻勢、為正義發聲！善於捕捉機會，認為需不斷提高競爭實力，才能站上更立體、全面的格局，創下望不見邊界的生命高峰。**觀事業**，自『做中學，學中做』體驗成功的快樂，也深諳『天道酬勤，地道酬善』的真理。適合從事教育、藝術家、演藝娛樂、經紀人、人文關懷、政治家等領域。**觀金錢**，與金錢關係特殊，努力賺錢，卻把錢看得很淡，若太天馬行空將不利從商。善於運用財富創造財富，進而成就他人，累積的福報與慈愛光芒終將回歸你身上。**觀人際**，善於交際，散播歡樂散播愛，願意將自己的成功，打造成引領勤奮且善良的人們美夢成真、賺取財富的夢想平台，無私奉獻通常令人敬佩感動。

　　你需要重生的勇氣，每當成功在望，總會產生遲疑，不確定這是否真為心之所向，若自我設限、跳著探戈或轉向，反而貼上了挫折的標籤。歸零，才能感覺到真空的自己，厚愛他人的同時，請善待自己。

外靈數 9

人物形象：漫步雲端的追夢人

人生課題：『護送對方到彼岸，也要擺渡自己的心』

　　9數是幾何圖形中的九邊形，幾近圓形，是具不可思議的哲學數字，為『超越自我的、成就他人』的宇宙修行者。靈數9的人機靈聰慧、多才多藝，擁有1～8的天賦特質，幾乎可以勝任所有職業。想像力豐富，是天馬行空的夢想家，不過常常善變或三分鐘熱度，若是不切實際將不利從商。除此之外，你是漫步在雲端的詩人，總有畫不完的夢想藍圖，說不完的小說故事，演不完的電影情節。你熱情善於交際，而且足智多謀，喜歡散播歡樂散播愛。很多9數人擁有戲劇化的人生，總是行走在最顛簸的時節，若能不斷突破，且透過身體力行去感受心靈面相，甚至能啟發世人完成自我實現的醒覺之道。你有一股修行者的信念，具有對人道主義貢獻的大愛精神，是大成就的心靈導師。

　　無論是內外靈數組合或靈數天盤中具有靈數9特質的人，將有三個特徵：一是與宗教信仰相關；二是與傳達理念的教育平台相關；三必定是所處領域中的大師級人物，是學習者的精神指標。你是人間菩薩、也是世間天使，你總不捨別人受苦受難，捨不得憂傷沾染整個宇宙，自覺為眾生心靈排毒是你的天職使命。當你護送對方到彼岸，也要記得擺渡自己的心。你的天賦潛能與娛樂演藝事業特別有緣份，適合從事托兒教育、教師、設計師、音樂家、演藝人員、醫師、神職服務、飛行員等職業舞台。

外靈數 9 × 內靈數 1——渴望發光的孤僻者

開運色：琥珀金 ／ 生命課題：圓融與富足

　　天生喜歡照顧人，也渴望被人注目，透過讓自己發光發熱的成功，來成為領袖。作風特立獨行，散發著一股神祕的氣質。個性早熟又孤僻自我，剛強且韌性十足，不輕易妥協、也不主動開口求援。你的一生就像奇幻旅程的小說故事，可能早年命運多舛，常是家中經濟的主要來源，你很懂得賺錢之道，也很愛賺錢，會努力創造財富，但不會為了財富而放棄良知及真理。如果要你從事非法或有失原則的商業行為，會寧可不要賺這筆錢。你畢生都在努力追求理想，創造所有實現的可能性。**觀金錢**，這一生與金錢搏鬥的緣份深厚，非常努力累積血汗錢，買東西也會在意價格。**觀事業**，低調的展現具濃厚天賦的才華，是你吸引大眾目光的獨特魅力，你並不喜歡團隊作業，樂於獨自工作。**觀人際**，你的朋友必須能理解你的低調，是需要獨處空間，偶爾會有一些撞牆期，如果懂你，就會知道，你喜歡簡單交心、報喜不報憂，所以不太熱衷與人交際。

　　你需要學習圓融的智慧，堅強可以透著玫瑰香而不需帶著刺，改變對方，不如改變自己，讓自己浸潤在穩定的寬容裡，你是創造的源頭，當你向著宇宙創造愛，就能擁抱富足的幸福人生。

外靈數 9 × 內靈數 2 ——力求整合的醒覺者

開運色：葡萄紫　╱　生命課題：釋放壓力

　　你天賦特質是多才多藝，個性獨特富創意，渴望依賴卻也需要主控的地位，常常把自己搞得壓力緊繃，惹了一身病氣。人生不會永遠對立與衝突，彼此互依互存的關係，相對的存在是美好的，你會歷經不斷的整合與重建，來成就自己的名望，並影響世人。領導別人之前，先學習主宰自己，協調內在衝突，傾聽直覺的聲音，學習獨立，放下浮躁和沒耐性，善用機智與思考能力，突破框架與人合作，人際互動就會越來越穩定，內在的情節也會開始和解，你必須面對的是『關係課題』。**觀金錢**，對數字敏感，對小錢不在乎，對大錢就會慎重考慮。**觀人際**，需要時間交朋友，外在看起來不好相處，但其實心思細膩又交心。**觀事業**，適合與團隊合作或研究分析相關的工作，如新聞媒體與記者、作家、心理分析、室內設計、藝術文化、演藝事業等。

　　喜歡成為工作狂人的超級模式，在生命中的某一段美好，你是極為享受的，但是當你有所犧牲和失去的同時，你會發現人生需要重新排序，再度調整設限，才能獲得平靜穩定的生活。智慧不會憑空出現，必須走過一段無人替代的旅程，經過自我醒覺而來的。有夢，且專注深耕，堅持實踐夢想，且鍥而不捨，就會看見夢想的果實。每一天都是改變的起點，當你聚焦在對人們有益的能量上，你就能發揮成功與豐盛的高尚潛能，享受與你生命共存的美好。

外靈數 9 × 內靈數 3 ——天真任性的療癒者

開運色：玫瑰金 ／ 生命課題：治癒與傳道

　　你富赤子之心，說話逗趣又犀利，心思細、神經敏感，通常擁有一副稚氣的童顏，其實個性老成穩重，也很有思想高度。你非常善於溝通，卻不擅長談內心底的事，若是不當壓抑反而造成更多對立衝突，你得跨出那一步，去穿越情緒、超越自己。你很有藝術細胞，對音樂和舞蹈方面也有天份，享受透過藝術表現去抒發靈感或心事，也希望能將所悟出的道，透過創意的詮釋，指引人們面對真相、接納自己、啟動自癒力，傷就好了一大半。**觀人際**，幽默風趣、機靈聰明、說話犀利，是朋友圈的活寶笑匠。你喜歡能和你一起畫夢，一起探索世界的旅伴。另外，你的桃花人緣很旺。**觀事業**，適合從事娛樂、演藝、美業相關，如公關、銷售、文字創作、作詞作曲、音樂家等工作。**觀金錢**，會為了收藏而花大錢。你對金錢不是很看重，但對於藝術品、收藏品等有價值的物品，卻有一種無可救藥的喜愛。

　　你既天真又認真，在情感上敏感易碎，當你治癒了內在的靈，痛苦會融化，因為愛是一切的答案，你不再反覆經驗同一套犧牲奉獻，寧可美麗且善待，因為每一朵花，都是瞬間綻放的煙火，絢爛而美麗。

外靈數 9 × 內靈數 4 ——重安全感的務實者

開運色：經典黑 ／ 生命課題：幽默與寬容

　　你真情真性，且喜歡自娛娛人，擁有獨樹一格的幽默，有你在的地方，就有熱鬧的歡呼聲與爽朗的笑聲。你工作勤奮，又多才多藝，凡事穩健牢靠，卻又有冒險創新的精神，享有難以兩全其美的矛盾人生。你的理想很崇高，個性保守又腳踏實地，行事謹慎小心，願意身體力行，致力於將夢想化為實際。你對於整個地球有很特別的情感依歸，堅持取之社會，用之社會，是非常關注社會的幕後英雄。**觀事業**，適合從事與安全、教育、穩定性相關的工作，擅長負責技術職或管理職，適合從事演藝事業、經理人、電腦科技業、醫護人員、公關、健康醫療等職場舞台。**觀金錢**，你充滿焦慮和不安全感，尤其在情緒面若無法獲得安定，你就會努力賺錢，掌握物質是你的安全感來源，你樂善助人、不遺餘力。**觀人際**，需要長時間觀察才能深入交往，喜歡相互扶持的摯交好友。容易急躁、情緒化，導致別人有了你太過性格火爆或心胸狹窄的誤解。

　　家和關係是你的主場課題，數不盡的飄泊，才懂得靠岸的幸福，歷盡無數滄桑，才能享受樸實的甜美。以寬廣的角度俯瞰，識大體，就會習得幽默以待人生。保持開放的心，想要什麼樣的回應，就先給出什麼樣的愛，你就能獲得。

外靈數 9 × 內靈數 5 ——尋找自我的冒險者

開運色：抹茶綠 ／ 生命課題：衝破黑暗面

　　你為人海派又重義氣、人緣很好，但有時過於保守，會缺乏主動積極的勇氣，若是後援強大，你就有勇往直前的力量。其實你應該享有自由和冒險的靈魂，對你來說，能夠「懂自己」、「做自己」就是自由，但除了有冒險的勇氣，也要有『捨』的勇氣。有捨才有得，其實放下的本身就是另一種獲得，而斷捨離正是你的人生課題。**觀事業**，你的口才一流，有表演天賦，是從事教職或表演的人才，例如戲劇老師、教師、行銷大師、心靈導師、美食專家，也很適合銷售、廣告傳媒、娛樂業、演藝事業、餐飲食品業、旅遊業等。**觀金錢**，總是拚命奔波賺錢，特別是當有夢想要完成時，很願意身兼數職。當賺夠錢時，你會非常豪爽，反之則很小氣。**觀人際**，善於結交各類型的朋友，喜歡成為朋友圈中的良師益友。

　　恐懼是纏繞著你生命的雜訊，你需要重新釐清界線，你渴望親密、卻又希望保持一定的距離，像披著糖衣的朦朧美感，無法讓心安定。隨時為人備妥的暖，是一份直率而單純的愛，心不再隨波無依，而是擁抱波光粼粼的大海，是日常瑣碎中的點綴。

外靈數 9 × 內靈數 6 —— 潛能無限的奉獻者

開運色：星空藍 ／ 生命課題：善待自己

　　你在療癒方面，有一種非常不可思議的天賦潛能，既擁有善良的天使特質，重視承諾與責任，有愛心，也願意為身邊的親友付出。你不只是有理想，也身體力行，用心回饋社會。愛是無條件的付出與關懷，但若是心有所期待回報，你的心就不自由。你甘願付出，但容易迷失在過多的細節裡，有時搞不清楚問題的真相與重點。**觀金錢**，容易對金錢緊張，自己很節儉，對別人卻有求必應。**觀事業**，適合從事演藝、藝術、音樂、哲學、建築營造、醫護人員、心理分析、療癒等職場舞台。**觀人際**，憑感覺交友，認為彼此之間是相互交流，對朋友容易高標準以待。

　　你壓抑且不容易說出心裡的話，又渴望對方理解，善於為人解決問題，卻不擅長處理自己的問題，必須透過療癒自己，學會平衡付出與回報，跳脫自以為是的完美主義。愛不見得要粉身碎骨，必須要拿捏好力道，你可以是許願池，允許任何人投入願望，但你不能允許自己被掏空能量。若是過度自我犧牲，只看到別人的需求，感覺不到自己的冷。幸福並不難，你需要讓靈魂呼吸片刻的自由，送祝福的能量給過往的自己，才能真正從愛裡重生，在日常的留白間，望見自己。

外靈數 9 × 內靈數 7 ──對立衝突的靈知者

開運色：透膚粉 ／ 生命課題：療癒與善待

　　你高貴的外表透著幾分慵懶的隨性，為人直率，是守護正義的生命戰士，對生命充滿熱忱，犀利的剖析總一針見血，情勢所急又情緒化哭得像個小孩。對市場趨勢敏感，對遠景有一定的堅持，受眾在哪你就會順勢推舟。無論多麼自我懷疑與批判，或想逃離現實，可就在真理呼之欲出時，你的對立與衝突就會分析出一個真相，逼迫你必須接納且寬容以待。你對生命力的呈現，激烈而極端，所以會一邊害怕，一邊往前邁進，這正是無畏無懼真勇敢。**觀事業**，適合從事與演藝表演、靈性、分析、教育等相關職業，如：心理分析師、心靈療癒師、劇場演員、工程師、律師、教師等。**觀金錢**，財運和貴人運都很好，本身對數字極為敏感、斤斤計較，要說服你消費買單並不容易，但你很願意為自己人犧牲付出。**觀人際**，有貴人相助，也倚賴合作關係，與人接觸互動頻繁，就會延伸諸多人際困擾來挑戰你的善解力。

　　『自傲的人，來自缺乏自信的卑』，你擁有超高濃度的幸運，也善用福報順勢推展，很多事情到最後都會迎刃而解。你需要提昇療癒的能量，在療癒他人的同時，也在啟動自我療癒，親愛的，如果是命運帶給了你殘酷的樂章，你可以為自己選擇轉向幸福。

外靈數 9 × 內靈數 8 ——催生夢想的執行者

開運色：焦糖奶油 ／ 生命課題：初心與夢想

你作風大膽直接，是會把夢想催化成現實的狠角色，因為你懂得把想傳達之道包裝成商業經營的模式，更是天生的企業領袖，對於權力與領導皆深具遠見，你有即知即行的動力，留意掌控欲強且心高氣傲會造成樹敵。**觀事業**，喜歡身兼數職、自得其樂的忙碌生活。適合需具高度信任或教育相關、演藝娛樂、歌手、演員、音樂家、金融、房產業等職場舞台。因為你反應很快，善於捕捉機會，洞察力很強，也善於投資，所以投資房地產或金融都有獨到見解。**觀金錢**，屬於白手起家型，重視日積月累的財富，若有額外的收入，願意大方分享。**觀人際**，你懂得看見對方最美好的部份，交朋友都是搏真感情，但需要學習真誠做自己，不需壓抑心理的不喜歡。

『不是看到希望才去堅持，而是堅持了才看到希望』，雖然有許多需要獨自承受的問題，學習低調收斂不浮誇，虛懷若谷與寬容。你必須要有勇氣面對自我的盲點，讓思維突破傳統框架，你越逃避你的問題，抗拒你的挑戰，它越是會緊緊跟隨在你身邊，讓你陷入瘋狂的流沙般，無從提昇。只要你保持初心不變，有了現實，再談夢想，一邊照顧務實生活，也一路編織夢想，堅信現實圓滿了，夢想就會更豐盛。

外靈數 9 × 內靈數 9 ——靈性崇高的行道者

開運色：星鑽銀 ／ 生命課題：自我實現

　　你的氣勢如高居不下的天王與天后，也像一場絢爛的煙火，彷彿被聖靈所照管著，能量龐大到令人敬畏。你很喜歡幫助別人，帶給別人快樂，隨時保有赤子之心，想像力很豐富。你靈魂層次崇高，對世界充滿奉獻自我的熱情。但也有空虛落寞的時候，就像住在寂寞星球，還是會為生活瑣事牽絆，要你練習斷捨離，學習如何從孤獨中去清理世俗的塵埃，讓宇宙本質之光能夠展現，引領你自我實現。如果無法超越自己，從波折中去蛻變出智慧羽翼，可能會陷入自怨自憐的悲觀世界，開始出現激烈的撞牆期。**觀事業**，適合從事演藝事業、神職、心靈、人文關懷、教育、藝術創作、設計等方面的職場。**觀金錢**，花錢大方不太在意價格，最想賺大錢，所以會努力掙錢存筆安全備用金，當你擁有足夠基金，就會大膽運用。但你的金錢幸運在於，放掉權利慾望，財源自是滾滾來。**觀人際**，你的熱情奔放很受大家歡迎，幽默的作風，舉手投足間都灑滿天使魔法般很能討人歡心。

　　你需要不斷歸零與學習，試問自己還能做什麼，透過精進的過程，悟出自處之道，『花若盛開，蝴蝶自來，人若精采，天自安排』，你仍是閃閃發亮的純真孩子。

Chapter 2

生命靈數：
愛情速配篇

當不同的靈數相遇時，

會擦出什麼不一樣的愛情火花？

對方到底是不是我的真命男神或女神？

從彼此靈數的組合，在此篇內、外靈數同論

一窺彼此相處、溝通、觀念是否契合及速配指數。

靈數  的愛情

靈數 1 有著一個享受孤獨的靈魂，個性比較孤僻和固執，不太容易相信別人，若想要成為你的伴侶，就需要具備多一點耐心與包容力。不善交際，又經常沉溺或是專注在自己的工作領域與世界中，而讓人覺得特立獨行，所以比較難找到相契合的伴侶。

你會奮力去愛，但缺乏浪漫情懷，難以嘴甜暖心。要舒服的相愛，而非咄咄逼人的窒息對待，缺乏耐心又累積了磨合衝擊，再堅定的愛也會關上心扉，心更低默，對方產生『你只愛自己』的錯覺。別太自我和衝動出言傷及對方。只要凡事以你為主，當你是唯一的男神或女神崇拜，別以命令口吻強勢控制，就帶著溫柔而堅定的愛走進你的心，請看見愛裡最真摯的純粹，其實你並不孤獨。

★**愛情特質**：大男人與大女人的愛情獨白
★**愛情課題**：『將愛置於自尊的前面，就讓愛那麼愉快』
★**療傷情歌**：陳奕迅『你給我聽好』、黃小琥『沒那麼簡單』、薛之謙『紳士』、溫嵐『祝我生日快樂』

靈數 **1** × 靈數 **1** 速配指數 ☆☆

這是一個蠻特別的組合，兩人都很容易一見鍾情，也都很有個性。當你們相愛時，會覺得對方就像自己的靈魂伴侶一樣，很契合、很速配，許多事情不用多做說明，一個眼神就能了解。

雖然這樣的組合蠻速配的，卻也因為兩個人太過相像，時間一長，需要磨合之處就會一一出現。有時雙方會發生強烈的爭吵，誰也不讓誰，甚至想要爭論、爭辯。因為你們兩人都是強者，皆以自我為中心，脾氣火爆，好自尊又愛面子，所以愛得火烈，也吵得激烈。

千萬記住，這樣的兩個人在相處上，彼此間要多一點讓步與包容，千萬不要硬碰硬、誰也不讓誰。平時兩人一定要溝通好，當爭執發生時，一定要有人釋出善意，願意給對方臺階下，而另一方也要趕快順勢和好，如此一來，兩人才能夠長久。

靈數 **1** × 靈數 **2** 速配指數 ☆☆☆☆

靈數 1 比較直接，屬於感覺對了就一見鍾情型；而靈數 2 比較保守，被動依賴，需要被引導，情感也較為內斂。如果是個性強勢的靈數 2，會覺得你太過自我為中心，事業、家人與朋友都比我這個情人還重要，可是再怎麼強勢，他心裡始終有個寂寞的心需要你來陪伴，所以才會一直提供機會讓你

來敲開他的心門。

你們是一種互補的組合，一個主動、一個被動，一個主觀、一個敏感，一個喜歡獨來獨往、一個需要有人陪伴。兩個人的爭執常常不在一個點上，因為他善變又情緒化，需要人陪伴時會顯得很依賴，不好的情緒上來時又會搞分裂，所以你時常會被他搞得很氣惱。

靈數 2 經常猶豫不決，甚至一會兒要分手、一會兒又要在一起。你受不了對方這麼善變，不懂對方到底想要什麼。但人們總是說愛與恨在一瞬之間，若是兩個人能冷靜下來，放下情緒，看看彼此互補的部分，進而互相依賴，還是會很幸福的。

靈數 1 × 靈數 3　速配指數 ☆☆☆

靈數 3 非常純粹單純、活潑又可愛，而靈數 1 也是喜歡低調、簡單的人。你們在相處上就像好朋友或手足，很容易就打成一片、聊得很開心。3 是需要溝通的數字，而靈數 1 是善於理解的，能以理性溝通的方式相處，讓彼此相處間有種莫名又和諧的熟悉感。

靈數 3 是求新求變、喜歡新事物的人，而你同樣是一個創新的、開始的能量，所以這兩個數字組合在一起，會產生很多的火花。不過，他有時候比較孩子氣，對應的又是雙子加雙魚，思考較為跳躍，對腦袋呆板的你來說，會受不了他的任性，常常不能很適應。而他也會認為彼此的情感交流不需要

像數學或程式一樣如此呆板。

這兩個數字都是很自我，又很重視自由的人，靈數 3 的桃花很旺，你也不喜歡人家管太多，所以只要彼此把分寸拿捏好，就會是一個不錯的組合。

靈數 1 × 靈數 4，速配指數 ☆☆☆☆☆

靈數 4 的人靈魂彷彿遭到綑綁，他是需要愛、需要與人建立關係的，更需要透過親密關係去融化他，讓他的靈魂得到釋放，不再背負責任與教條。倘若受到許多框架的束縛，那種狹隘的感受與情緒就會困住他的情感，讓他產生抱怨與不安全感。

當你們相愛時，靈數 4 是非常穩定的，而你因為對於家庭十分憧憬，建立事業與完整的家庭，一直都是你努力奮鬥的目標。這樣的兩人若能攜手共同為兩人的未來一起打拼，相信會是很不錯的組合。

不過，你會受不了他的挑剔與情緒化。你雖然個性硬，想法卻很活躍，做法雖然較為單一，但當他跳脫思維時，就會願意挑戰傳統。但靈數 4 的人固執又過度重視原則，糾結於過去，而走出不來。若是兩人中，有一方能負責對內，照護家庭；另一方負責對外，奮鬥事業，這樣的組合搭配會有不錯的協調性。

靈數 1 × 靈數 5　速配指數 ☆☆☆☆

5 是一個自由自在的數字，靈數 5 擁有雙子座加獅子座的特質，過於自由與做自己，永遠都在進行震盪著生命的旅程。有很多戀愛史與談感情的機會，對於強勢的你而言，這些都讓人感到害怕。

雖然，靈數 1、3、5 都很愛好自由，可是你有時會想要獨處、靜下心來思考事情；靈數 5 卻常以不斷的奔波和繁忙勞碌來填滿生活，時常會與你互相干擾，但這不表示兩人不適合，因為靈數 5 會當你無聊時逗你發笑，也有辦法與個性嚴肅的人聊得很開心，所以兩人在一起時是很快樂的。

他是一個不在乎框架、自由自在的人，倘若對方個性過於強勢，就會立即反彈；而你是一個講理，只要直接溝通清楚，就會沒事的人，所以當雙方在吵架的時候，靈數 5 就會離開現場或者逃避，等情緒過後，兩人願意再回來溝通，就會發現彼此是可以互相依靠的，感情也能走得長久。

靈數 1 × 靈數 6　速配指 ☆

靈數 6 的特質就是很重視責任，永遠有揹不完的責任感，會為了情感的投入與回報花費很多工夫。他的控制與失控，就在於他感情投入了多少，即便失去自己，也願意付出真愛。

看在你的眼中，會覺得靈數 6 在感情上消耗太多，過於消極與悲觀。而你會希望和另一半在感情以外的部分也要共同努力，包括未來的成就上與事業。你剛開始會獨來獨往，當有伴侶的時候，就會非常渴望對方成為自己的靈魂伴侶，甚至是事業夥伴，希望能和對方一起完成理想，互相打拚扶持。

一旦兩人開始出現計較、吃醋、患得患失等情緒，就很容易淹沒彼此的理性。所以，兩人最好能夠有共同點，例如設定共同打拚的理想，或是培養共同的興趣。如果靈數 6 能再積極一點，你能再感性、溫柔一點，理性搭配感性，就能是理想的互補組合。

靈數 1 × 靈數 7　速配指數 ☆☆☆☆

靈數 7 具有神秘的氣質，兼具知性、感性與性感，無論是男是女、長相如何，眼神中都會有股特別的光芒，或是從內在散發出很脫俗的氣質。

他多疑又多愁善感，且脾氣浮躁、你有一點大男人或大女人主義，當你遇上他時，會容易互相猜疑，若溝通不良，在彼此自尊心又很強的情形下，就會發生問題。他不像你會將情緒顯露在臉上，或將心中的不悅說出口，他會將負情緒不斷累積，一次爆發，值得注意的是，當他變成不再願意表達自己的感受，甚至選擇淡出你的世界，就代表他感覺變淡、要放棄這段感情了。

其實你們之間若沒有猜疑產生，可以說是天生一對，你們同樣具有創造力、靈感力，也都很重視心靈感受，可以共同創業及賺取財富，是一個很漂亮的組合。靈數 1 會往內觀，慢慢找出自己的角色定位，以及要創造的能量是什麼，當靈數 7 猶豫著尋找答案時，你會指引他通往未來，一起活出彼此的特質。

靈數 1 × 靈數 8　速配指數 ☆☆☆☆

靈數 8 的人生命中有比較多的大起大落，比較容易壓抑情感，心中有很多恐懼，害怕失去，所以有時會抓得比較牢、比較緊。

當你遇上靈數 8 時，很容易產生對立的狀態，因為你有掌控欲，他也有他的脾氣跟主觀意識，當兩人中有人想要掌控對方時，雙方都會很不舒服，會覺得對方憑什麼主導自己。

由於兩人都很有主見，所以溝通的方式會決定一切。寧可溫和的溝通，如果兩人都想掌控對方，只要別硬碰硬，彼此還是能達成共識的。加上他能激發給你許多不同的邏輯與思維，而你又是喜歡創業的人，遇上企業家特質的靈數 8，兩人的組合特別適合當事業夥伴。

靈數 **1** × 靈數 **9** 速配指數 ☆☆☆

　　靈數 9 擁有很特別的靈魂，很願意去服務、照顧你。你們兩個就是一個天、一個地，一個追求的是精神層面、一個是比較物質層面的。你們的感情有時看似若即若離，卻能創造出許多不同的新思維與戀愛火花。

　　靈數 9 的行動力雖然很強，但通常做白日夢的時候居多，你正好可以帶領靈數 9 著陸。如果兩人都能看出彼此的缺失、缺點，在對方撞牆期時拉對方一把，成為彼此的心靈導師，就會相處得越來越融洽，溝通也會越來越順暢。

　　這兩個人，一個比較物欲，一個重視精神面，對於自己想要的感情，都很樂意也很勇敢去追求。靈數 9 比較浪漫，你比較務實，兩人是屬於比較互補型的。

靈數 的愛情

靈數 2 的人擁有雙重性格，陷入糾結的黑暗漩渦時，情緒反覆無常老是讓對方不知所措，讓人覺得難以相處。你是不甘寂寞的，一生都在等待和尋找你的靈魂伴侶。由於總是處在依賴、既被動又主動的狀態中，有時候難免會缺乏動力，所以靈數 2 的性情會比較浮躁、被動、善變一點，也會有很多的不確定感，這就是靈數 2 的主要特質。若在這份愛裡無法獲得安定和滿足，你會偽裝堅強和獨立，但你天生就是黏 TT 的寶貝情人，渴望身心靈完全親密，若不小心愛上自由不羈的靈魂，你卻痛得遍體鱗傷，你以為你還愛著，其實你只是捨不得自己，你當然可以心疼，但別把心也弄丟了。

★**愛情特質**：渴望親密的黏人精
★**愛情課題**：『有時候你還愛，只是捨不得掏心掏肺的自己』
★**療傷情歌**：林俊傑『他說』、『可惜沒如果』、徐佳瑩『失落沙洲』

靈數 2 × 靈數 1 速配指數 ☆☆☆☆

　　靈數 2 生性被動、保守，而靈數 1 面對感情比較主動、直率，當一個保守的人遇上一個主動的人，其實十分互補。

　　從交朋友的角度來看，你們蠻適合當朋友的。由於他比較直接，你比較善變，如果要成為夫妻或情人，他有時候會受不了你的善變。因為靈數 1 的人直白又簡單，就像一個直愣愣的乖乖牌，叫他往右就往右、叫他往左就往左，而且個性主動積極，在面對善變又保守，時而前進、時而後退，像跳探戈般的靈數 2 時，容易產生意見上的分歧。

　　但是，只要兩人掌握好相處上的步調，善加溝通，就能成為逐漸點燃彼此感情熱度的愛情組合。

靈數 2 × 靈數 2 速配指數 ☆☆☆☆☆

　　同樣數字的兩個人在一起，速配指數都至少會有 60 分以上。你們兩個人的靈魂非常相似，會認為彼此是心有靈犀的靈魂伴侶，也有許多興趣相投的地方，很能聊得來，只不過時間久了，就覺得似乎少了一點變化。

　　你們都很敏感、內向，經常沉溺在自己的情緒中，總是等待、期待對方來理解自己、同理自己、呵護自己。但有狀況發生時，又不一定能與對方好

好溝通、理解對方。由於兩人都很被動及容易退卻，有很多猶豫不決與不確定，在發生爭吵時，往往會質疑著：「對方真的是自己此生的伴侶嗎？兩人真的走得下去嗎？」或是一下說要分手，一下又說要在一起，不斷在情緒化的狀態裡攪和。如果兩人能一同成長，不只是靜靜等待對方給予與付出，這種互動的感情才會能長長久久。

靈數 2 × 靈數 3　速配指數 ☆☆☆☆☆

靈數 2 和 3 的人都很喜歡談戀愛，對於感情都懷有很多憧憬。

靈數 3 平常能言善道、人緣好、桃花旺，在溝通交際方面是交際應酬的長才。但他的靈魂深處其實很渴望被了解，當遇到需要闡述或表達自己內心情感、以及潛在的深層問題時，就會出現溝通障礙。

你生性比較被動，他很願意去同理你，兩個人在溝通方面能互相配合。加上他個性活潑、愛冒險，能點燃你的悶騷靈魂。

你們是同樣追求浪漫、細膩的感情，很懂得一起享受浪漫，因此是一個能夠細水長流的組合。

靈數 2 × 靈數 4，速配指數 ☆☆☆

　　靈數 4 的原則性非常強，靈魂深處一直受到框架的限制，很多事情都會被自己的原則所捆綁。對於他來說，要改變真的很困難，與生俱來的性格特質就是如此，只要在理字上站得住腳，這輩子要他改變、放下身段或聽進別人的話，都是很困難的事。

　　所以，當靈數 4 遇上比較有個性的你時，就容易硬碰硬、造成感情不順遂。他的情緒很敏感，脾氣毛躁，個性固執且強硬。不過在戀愛中，兩人都十分感性，你浪漫、他則感情細膩。兩個人也許優柔寡斷、情緒敏感，但同樣都渴望感情能穩定發展。

　　靈數 4 的特質很穩定，而你卻善變、舉棋不定。一個需要穩定力的人碰上一個善變、多愁善感的人，如果彼此的情緒沒有調適好，很容易讓他沒有安全感。其實，只要你再有主見一點，他再有耐心一點，這兩個數字的組合還是有機會長久的。

靈數 2 × 靈數 5 速配指數 ☆

　　這兩個數字的人差異性比較大，靈數 5 情感豐富，個性熱情且活潑，人生會有很多的變動和變化。靈數 5 就像馬一樣不停奔波、不停在生命中闖蕩，宛如在世間遊蕩的情人。

你的特質非常善感、依賴性強，倘若再遇上熱愛自由又隨心所欲的他，會打從兩人在一起開始，就對彼此有非常多的質疑，因為一個需要人家陪，另一個總是行程滿檔、享受自由。「你的行程怎麼如此多？在外面是不是有其他的桃花？是真的在加班嗎，還是在和別人約會？」這些都是可能會引發爭執的問題。

兩人的搭配並不是不好，只是在火花的撞擊下，會有很多溝通上的問題產生，長久相處下來，很容易變得無法忍受對方，感情無法穩定，最終兩人漸行漸遠。

靈數 2 × 靈數 6　速配指數 ☆☆☆

兩人個性都比較靜態，也有很多相似處。靈數 6 極為重情、重諾、重責任，你則需要對方給予信任、信心和安全感。而他本身就具備一個真誠、執著的靈魂，在尋找一份能讓他安定下來的愛。

這兩個人恩愛的時候，感情非常好，對彼此、對未來的願景，或是在事業上都有很多想法，都希望能走得最遠、做到最好，為共同的目標打拚。

但是，你善妒、敏感、多疑，他責任感比較重，所以當在工作上有所發揮時，會全心全意的投入，無意間忽略了伴侶，就會讓你產生許多猜疑和不安全感。溝通上的問題，讓這個可以長長久久的組合扣了一點分數。

靈數 2 × 靈數 7　速配指數 ☆

　　兩人的性格特質其實很像。靈數 7 希望自己能夠安定，但他本身的靈魂卻不是很安定；他一生都在追求一個答案，但真理是一個相對的理論，答案也是相對的，會隨著我們人生的機遇與成長而有所不同。

　　所以，他面對愛情時也是同樣的態度，會有很多的猶疑及不確定感；你也如此，無法對愛情產生信任感，因此兩人的愛情就充滿著不安的情緒、忌妒和猜疑。其實，靈數 2 的特質比較傾向金牛和天秤，是被動的想控制對方；靈數 7 則像天蠍和天秤，在感情上也有掌控欲，只是這樣的掌控欲會讓對方感到不悅。

　　你們一開始會愛得很火熱，有很多濃情蜜意互相撞擊，因為都具有心思細膩、敏感的特質，兩個相似的靈魂瞬間就被點燃。可是時間一久，雙方在承諾方面逐漸失去信任，可能會有一方出軌、背叛或放棄彼此的情感，是這個組合比較容易遇到的狀況。

靈數 2 × 靈數 8　速配指數 ☆☆☆

　　靈數 2 和靈數 8 是很適合同盟的組合，如果兩人當夥伴或隊友的話，會相處得非常好。因為他重視事業，是天生的生意人，心思放在愛情上的比例較少；而你天生需要愛情，一生都在尋找伴侶。即使如此，兩人在愛情與事

業上其實是可以一起發展的，只是在根深蒂固的價值觀、金錢觀及生活觀念上容易產生衝突。

你一開始會欣賞有魄力、有地位的他，崇拜他的英雄主義，可是時間久了，你就會開始抱怨他的缺點，例如：個性太強硬、太自我、掌控欲太強，不夠溫柔體貼、不夠替另一半著想，沒有時間陪伴家人等等。

倘若你願意讓步，也專注在發展自己的事業，或是兩人能為了共同目標而努力，這段感情還是可以反敗為勝。一個重視愛情，一個重視事業，兩者本來就很容易產生衝突。假如能各退一步，多包容對方，就會發現他給你很多物質與生活上的保障及安全感，只要你能穩住自己的情緒，這個組合在一起會激發出很棒的火花。

靈數 2 × 靈數 9　速配指數 ☆☆☆☆

對於靈數 9 而言，完美人生與夢想都很重要，他一直都在創造夢想，追求極致的美夢成真，也有很多崇高的理想，以及想要發展的未來，可以說是極富野心。加上他非常多才多藝、人緣好，稱得上是足智多謀。兩人的組合，只要願意努力相處，分數至少都會及格。

這兩個數字都很重視情感，靈數 9 渴望浪漫的偶像劇式戀情，和靈數 7 一樣，畢生都在尋找靈魂伴侶。而你也是需要浪漫、細膩，喜歡膩在一起、黏在一起的感覺，就算是睡覺也要把腳跨到對方身上，或是手牽著手相互扶

持，到老都要保持這種甜蜜、膩在一起的感覺。這種充滿溫度、暖心的接觸，更勝過曇花一現的激情。

只不過，他比較重視理性、精神、博愛與自由，頭腦清楚、擅長思考且有邏輯，但你就是敏感細膩、情緒化的，也就是比較感性的人。如果理性跟感性可以融合，兩人的搭配就會不錯；但如果理性的堅持理性、感性的堅持感性，火花很快就會熄滅了。

靈數 的愛情

靈數 3 的心中一直對愛充滿浪漫憧憬，內心存有一個完美情人的原型，當你遇見了夢中情人，就會情不自禁地愛上，你其實是需要一直戀愛的人，生命中不能沒有愛情，也沒辦法跟自己沒感覺的人在一起。你天生具有藝術家特質與潛能，非常浪漫、細膩，重視戀愛的感覺；加上 3 數對應的星座就是最喜歡談戀愛的雙子與雙魚座，所以具有渴望沐浴在戀愛裡的特質。當蜜月期的熱情消退後，發現自己原來一直在美化對方，因為美麗的誤解而相愛，即開始挑剔對方且任性不講理，如果頻頻以完美無暇的高標準看待對方，容易幾近苛求下所產生了互相怨懟。要明白沒有真正完美的夢中情人，惟有以完美的眼光去欣賞你愛著的那個人，你才會得到快樂與幸福。

★ **愛情特質**：『渴望完美愛情的小公主』
★ **愛情課題**：『愛，是願意以完美的眼光愛著並不完美的那個人』
★ **療傷情歌**：Hebe『小幸運』、閻奕格的『也可以』、閻韋伶『傻孩子』、藍又時『曾經太年輕』

靈數 **3** × 靈數 **1** 速配指數 ☆☆☆

　　靈數 1 比較固執自我、有個性，與靈數 3 在某些層面頗為契合，例如：兩人都有好口才，能言善道，有自己的一套邏輯，對事物的看法自成一格，因此在一起時會有種熟悉感，能夠互相欣賞。

　　你非常活潑熱情，桃花滿天下；而他喜歡簡單不囉唆，所以滿欣賞你的心直口快、天真率直。你的生活忙碌、喜歡自由，約會多、朋友聚會也多，十分重視與朋友間的交際應酬；而他也需要個人空間，不喜歡被管束或控制。

　　這樣的組合最怕的，就是起爭執的時候，因為兩個人都心直口快、講話帶刺，如果硬碰硬，就容易得罪對方、刺傷對方，情緒也會跟著燃燒，瓦解彼此建立的愛與信任，十分可惜。特別是他的自我與強勢，會讓你無法忍受，因此產生爭執和情緒。

　　記得，兩個人不要總是各忙各的，還是應該有陪伴彼此的甜蜜時光，安排約會或黏在一起都好。

靈數 **3** × 靈數 **2** 速配指數 ☆☆☆☆☆

　　靈數 3 個性直接、率性，而靈數 2 則較為敏感、被動，你的活潑可愛會勾動他的浪漫情懷。

在表達情感方面，生性主動、宛如天生演員的你會表現得比較浮誇一點；而他的內在雖然同樣熱情，但他有比較多的自我保護，以及天生的不確定感，所以表達上會表現得比較悶騷一點。

兩人一個主動、一個等待，感情其實是滿容易被點燃的，一見鍾情的機率挺高。建議你可以多些主導性，帶領對方去勾勒未來的幸福藍圖，創造更多豐富的情感，因為感覺是需要被帶動的，這兩人正是可以相互扶持的理想組合。

如果雙方不要太過主觀與強勢，兩人的相處就比較不會有狀況，在一起的協調性滿好的；即使步入婚姻之後，他們也會為了共同的承諾和責任感去努力。不過，你的桃花運過旺，容易造成他缺乏安全感，這是要注意的地方。

靈數 3 × 靈數 3　速配指數 ☆☆

靈數相同的你們，個性非常可愛善良，也都擁有很好的人緣，這樣的兩人是可以互相學習、互相成長的，也能成為靈魂伴侶。只可惜，當遇到問題時，你們兩個人都有害怕面對問題、逃避責任的狀況，也容易瞞騙對方，誰也不想說真話。

其實，你們應該珍惜如此相似又擁有許多共同興趣的伴侶，避免過於隱藏自我及揣測，遇到問題時更應該敞開心胸去面對、去討論和溝通。但靈數3不愛溝通心裡話，加上容易逃避問題，久而久之，就離責任與承諾越來

遠。

　　每段戀情都難免會遇到熱情減退、口角爭執，或出現其他狀況阻礙的時候，如果兩人願意讓情緒退一步，再多一些為對方著想的同理心，試著回到相愛初衷的心態，問題就可以迎刃而解了。只要兩人願意這麼做，這個配對組合是很不錯的。

靈數 3 × 靈數 4，速配指數 ☆☆

　　靈數 3 喜歡自由，桃花很多，你是一個以感覺行事，只跟自己有感覺的人在一起，並希望一直保持戀愛的狀態。而靈數 4 也是很憑感覺的人，他喜歡穩定而長久的感情。

　　4 和 2 一樣，都是敏感且多疑的數字，而他有原則，也重視生活教條。當喜歡穩定的、討厭善變的他，遇到大刺刺的你時，會難以適應對方的某些生活方式。例如：你不喜歡做家事，覺得邋遢一點比較自在，等到衣服或碗盤堆積如山，才會想要去處理；而他看不慣這點，時間久了就很難忍受生活習慣的差異，情緒就會爆發。所以，兩人也很容易情緒化，而且是批判對方的負面情緒。

　　建議雙方不要過於堅持己見，原則少一點，他也減少嘮叨。如果兩人要一起生活、步入家庭，這一點的協調真的非常重要。

靈數 3 × 靈數 5　速配指數 ☆☆☆☆

　　這兩人是屬於玩咖型的情侶組合，個性非常活潑，又很喜歡戀愛的氛圍。靈數 5 與靈數 3 都交友廣泛，如果把彼此的朋友揪在一起，人數真的很多，婚禮要席開八十、一百桌都不成問題。

　　由於兩人都極為熱情、也需要自由，交往的磨合期很短暫。除了在個性上非常合拍、擁有共同的興趣之外，他們也能一起玩得很開心，你忙的時候我也超忙，加上兩人都過於重視物質的享受，以至於少了對事業的企圖心，建議雙方最好能發揮長才，共同為未來設定目標、奠定基礎，並保有自己的經濟能力或地位，這樣關係才能走得比較長久。

　　此外，因為這個組合缺少了心靈的交流，也缺少相依相伴相惜的感覺，感情變動性比較大，這點可能會影響到未來的婚姻發展。

靈數 3 × 靈數 6　速配指數 ☆☆☆

　　靈數 6 喜歡細膩、浪漫的感情，而你的活潑可愛很能激起他的母性和浪漫情感。雖然他看起來總是老神在在，卻很容易被靈數 3 的熱情觸動心靈。不過他談感情常常過於辛苦，因為缺乏安全感，往往是只有他在付出、在奉獻，而另一半總是享受、被包容的一方，久而久之就容易失去平衡。

其實兩人在理念上是可以互相學習、互相提升的。在情感付出的比例上，靈數 3 可能要為靈數 6 多著想，靈數 6 則要多善待自己，不要經常沮喪生氣，以免雙方漸行漸遠。

這個組合一樣是溝通問題，你的個性太直了，時常會傷害到對方。如果他可以發揮寬宏的胸襟與氣度，帶著你一起成長，這份愛就能夠走得越來越長久。

靈數 3 × 靈數 7　速配指數 ☆☆

靈數 7 比較孤僻，很像天蠍座給人的冷傲感。但他又是非常重感覺的人，時好時壞，感覺對了就心情歡樂，感覺不對就擺臭臉，像是冰山美人、冰山王子一樣，但是當他們遇上你時，就會天雷勾動地火。因為你就是人人好，和靈數 5 一樣容易受到大家的喜愛。

正是因為你活潑、能言善道、聰明伶俐，自然而然吸引了個性冷傲的他注意。彷彿把鑰匙交到對方手上般，個性單純的你總是能把他逗得很開心，笑得花枝亂顫。

靈數 7 有點像憂鬱王子，占有欲比較強，兩人的搭配並不是不適合，只是在一起相處時，會由於他的過於猜忌而缺乏安全感，加上你總是不覺得他在意的那些點有什麼問題，導致他因此胡思亂想，使兩人發生溝通的問題。

靈數 3 × 靈數 8 速配指數 ☆☆☆☆☆

　　你們在感情或事業上是不錯的組合，也很適合當朋友，靈數 8 是很悍的，靈數 3 則是可愛直接、心直口快的，雙方都是很主動。他有時會耍一點小手段，先慢慢滲透你的生活圈，再來暗中追求。

　　這兩人的個性都不怕困難、不怕危險，喜歡冒險、刺激，但也很容易去挑戰彼此的極限，進而引發爭執。你是天不怕地不怕的，但他想得比較仔細、比較多，會覺得靈數 3 真的太孩子氣了，為何不想得周到一點呢？雙方明明可以互補，卻總在這種主觀的時刻，形成對立的狀態，相處也會從幸福轉為垮著臉，越來越不開心，兩個人在一起應該是溫柔的、富有感情的，應該善用彼此的能量。

　　建議你別太自我，靈數 8 也別太霸道，一直想掌控對方，小孩子是不喜歡被控制的，他喜歡自由發展，靈數 8 可以致力去忙事業，反而能讓兩人的關係變得比較好。如果在事業上成為夥伴，對這段感情是加分的。

靈數 3 × 靈數 9 速配指數 ☆☆☆☆☆

　　靈數 9 的靈魂特質是一直在追求完美與純真，甚至有種修行者的飄泊概念。而靈數 3 則是享受現在、及時行樂，追求的是美夢成真。

當你遇上靈數9時，一開始會非常合拍，因為兩人都有很多理想與夢想，在一起做著韓劇、偶像劇般的美夢。可是浪漫幸福之後，容易忽略實際的生活面。

　　如果可以兼顧現實層面和承諾，這個組合就會非常棒。只可惜，在遇到挑戰，要面對現實、承擔責任時，兩個人就會變成各持己見，沒有人想要面對問題，這樣的感情是很容易毀滅的。所以，兩人是一個極端的組合，不是大好，就是大壞。

靈數 的愛情

靈數 4 的人在愛情中十分需要安全感,也喜歡在感情中指導對方,居主導者的位置讓你擁有掌握一切的滿足感。4 數特質強的人不擅長處理感情,嚮往組織家庭,但很難適應新鮮富變化的戀愛故事。

靈數 4 談戀愛會辛苦一點,因為你是一個方型特質的人,愛情的表現上比較固執、情緒化、不知變通。安全感及穩定感是很重要的指標,如果缺乏的話,很容易變得心胸狹窄,占有欲、控制欲強,愛吃醋。加上你做事太過有條有理,而讓對方感覺不舒服。若是心一狠地不斷讓情緒風暴席捲而來,贏了對方,輸了幸福,或是你選擇了讓自己徹底被擊垮,累積來的若不再是幸福,而是痛苦,那就別再熬。幸福的本身是突破,你可以對愛堅忍,但不能殘忍。

★**愛情特質**:『永遠都不夠的安全感』

★**愛情課題**:『如果累積的不再是幸福而是痛苦,你若無力突破,那就放手』

★**療傷情歌**:陳小春『獨家記憶』、林俊傑的『修煉愛情』、李玖哲『想太多』、周杰倫『不能說的祕密』

靈數 **4** × 靈數 **1** 速配指數 ☆☆☆☆☆

　　靈數 4 的人比較穩定，也比較悶，會把很多事情與情緒都隱藏起來，渴望家庭與愛的感覺。而靈數 1 對於彼此的情感與未來都很有想法。兩個人如果共同主外，或是一個主內、一個主外，都是很好的搭配。

　　他很有個性，你也很容易有情緒，她個性很直接，對上你的情緒與不知變通的特質，兩個人很容易硬碰硬，在一起時要特別注意溝通的問題，避免心直口快刺傷對方。

　　對靈數 4 來說，身體力行很重要，而他也是很重視執行力的人，兩人對自己的事業都是很有想法的。倘若雙方能夠協調好主外或主內的搭配，又能為了未來一起打拚努力的話，是可以在伴侶的角色上扮演得很開心的。

靈數 **4** × 靈數 **2** 速配指數 ☆☆☆

　　靈數 4 和靈數 2 對愛情都比較被動。靈數 4 過於保守，受自己的想法或情緒所限制，所以面對靈數 2 時，是很需要被引導的，因此這樣的組合就顯得很被動。不過，因為兩人的個性都很細膩，願意為對方著想，所以會互相吸引，感覺對方十分了解自己，彷彿認識許久一般。只可惜，兩人相處時容易感情用事，怕有閃婚又閃離的狀況發生。

如果兩人能體貼彼此、同理彼此，相處久了就會過得非常幸福快樂。倘若無法熬過戀愛的磨合期，甜蜜的感覺可能就會消逝，這對組合除了談情說愛之外，似乎缺少了一點未來性。

靈數 2 太過依賴情感，畢生都在尋找靈魂伴侶，重視心有靈犀的感覺；而你比較直來直往，交往之後，還是不知道該怎麼回應他想要的感覺。靈數 4 算是感性中的理智者，偏向智慧型；而他完全是感性的、情緒的，雖然算是同類，卻會因為敏感而舉棋不定。想要穩定的你，會覺得他不是很可靠；重視感覺的他，會覺得你怎麼越來越無聊、越自我、越果斷？相處起來很不舒服，就像圓形配上四方形的感覺，唱著不同調。

靈數 4 × 靈數 3　速配指數 ☆☆

靈數 3 異性緣很好，個性也像小朋友一樣。與靈數 4 搭配是一個很可愛的組合，一方是小朋友，另一方則是母性比較強烈、會照顧對方的人，所以你們很容易來電，甚至是一見鍾情，適合度挺高的。兩人是彼此的完美對象，一方很想照顧人，另一方就像孩子般需要被呵護。雖然你很會碎碎念，但仍會幫對方安排好每件事，讓人生活少不了你。

不過，這兩人講話都很不中聽。固執的你會聽不進靈數 3 想表達的話；靈數 3 講道理或聊天都沒問題，講心裡話時就會有些口拙，不知如何表達內心的感受，要說的時候又會被你打槍，讓他感到不舒服。雙方若能改善說話的方式與口氣，彼此多退一步，時間長了，兩人相處就會比較快樂。

如果靈數 3 能受教、願意傾聽，而你可以溫柔感性一些，這樣的組合會互相扶持，建構成熟的未來，發展出非常深重的情感關係。怕的是兩人各自堅持己見，彼此意見分歧，不願溝通，這樣下去靈數 3 可能會因為外緣太好而出走。

　　一個講究生活習慣和教條，一個隨興、想做就做，這樣的兩人生活在一起會很辛苦，所以你們比較適合戀愛，剛開始還會有被對方電到的感覺。他比較夢想化，帶著藝術家的特質，而你比較務實，不妨帶領他去看到現實面，教他一些方法。如果兩人願意欣賞彼此的優點，這個組合就能愛得很火熱、相處愉快。

靈數 4 × 靈數 4 速配指數 ☆☆☆

　　因為本質相通，可以在對方身上看到自己的影子，有共同的想法與目標，也想追求穩定的感情，是非常契合的靈魂伴侶。

　　不過，數字相同的問題，就是相處久了會缺乏刺激的感受。雖然雙方都很務實，還是會有需要感性的時候，當對方的個性與生活習慣讓人感覺太沉重時，就會演變成各有各的生活方式。

　　由於兩人都很要求態度、做事方法或生活習慣，到後來會發現雙方各有各的固執與堅持，這時候該怎麼辦？如果雙方願意再給彼此多一點變化與彈性，感情就不會有走到盡頭的感覺。畢竟自己限制自己就算了，假如還要受

對方限制，會讓彼此很辛苦、很壓抑。

這個組合是要帶給彼此力量的，所以一定要修改雙方的個性，圓滑一點，不要太直接主觀，要以柔克剛。只要兩人願意給對方台階下，感情就會越來越增溫。

靈數 4 × 靈數 5 速配指數 ☆

靈數 5 擁有一個自由的靈魂，個性優遊自在，生活豐富、為人幽默風趣，這些特質都是你所不熟悉的，因為你擁有的是一個受牽制的靈魂，所以會深深受到他的吸引，有一見鍾情的感覺，相處久了，更會找到彼此可以互相學習的地方很多。

保守的你和豐富強烈、人生多變的他，是一個不可思議的組合。雖然你是很穩定、很少變化的人，但是遇上他之後，會覺得他的生活很吸引自己。如果你願意接受刺激和改變，他就會帶著你大膽冒險、去追求新的夢想；如果他願意呵護你，不害怕失去自由或給予承諾，他也可以帶領你前往更高的境界，這組搭配是很棒的。

只是，這兩人的特質都不太好了解，他太跳 TONE、你則太隱藏自己，在一起要避免自我批判完即批判對方，想溝通的時候不妨選擇晚上，會有助於情感的增溫。

靈數 **4** × 靈數 **6** 速配指數 ☆☆☆☆

　　靈數 4 的個性是很穩定的，靈數 6 也很願意奉獻付出，搭配起來有一定的穩定度，只是他們很需要情感互相依賴的感覺。

　　他忠誠度很高，而你就需要這樣的對象，所以兩個人非常適合走入婚姻。你善於整理打掃，會把對方照顧得很好，而他有責任感、重承諾，又講義氣，雙方如果能讓彼此無憂無慮、共享資源，好好為未來打拚，將會創造非常多的幸運。

　　靈數 4 是很有愛、很會照顧人的，雖然嘴巴稍嫌強硬，但是這個組合的人緣非常棒，很容易得到貴人相助。你們會互相幫助對方，使用彼此的資源與優勢，去創造更多的可能性，所以可以打造出很美好的未來，在物質方面不虞匱乏。

靈數 **4** × 靈數 **7** 速配指數 ☆☆☆☆☆

　　靈數 7 的個性比較像隱士，需要個人的隱私空間，不喜歡被打擾，而你很需要他帶給他的安定感覺。有時候他太遠離現實，會躲進自己的空間裡，忽略你的需求與安全感。建議靈數 7 別太冷漠，要適時出來透透氣，不要什麼事都放在心裡，否則一旦爆發的話會很可怕，影響彼此的情感。

靈數 7 像天蠍，靈數 4 像巨蟹，明明可以愛得很熱烈，但如果總是不斷的激怒彼此、在愛情裡勾心鬥角，就太可惜了；最後可能會發現，似乎只有一方在付出，獨自一個人苦撐著，像阿信一樣掏心掏肺，另一方卻是坐享其成，令人感到悲哀。其實你有自己的堅持，也很努力地在付出，而他也不是只有享受，他給的是比較低調的關愛，可是你要的卻是實質感受。

你們必須善用彼此的特質，雙方都積極投入，也願意溝通交流，否則感情的發展會落入危機。

靈數 4 × 靈數 8　速配指數 ☆☆☆☆

靈數 4 和靈數 8 都是重視物質需求的人，就像靈數 4 與靈數 6 的組合，屬於細水長流型。這兩人都很堅持、有毅力，也非常穩定和穩重，會願意為了彼此的未來、想要過好的生活品質而打拚，會用行動力來提升自己的愛情品質。

不過，這兩人談戀愛很有掌控欲，都想互相控制，他比較霸道，你會屈就自己，所以情緒也會很多。這個組合很容易變成一半理性、一半感性，怕的是兩人相處久了會往負面發展，變成說一套做一套，同樣容易在溝通上出問題。

如果你們是朋友，就可以一起開心地吃喝玩樂。若是談戀愛，兩人會很有默契、無話不談，甚至一起發展事業，可是時間一久，情誼會有一種「到

了某個程度就上不去」的感覺，因此除了物質之外，還是要多多探索彼此的內心深處。缺乏精神上的支持，是這個組合最可惜的地方。

靈數 4, × 靈數 9 速配指數 ☆

　　靈數 4 會覺得靈數 9 很浪漫，彷彿身處偶像劇般的感覺。他是很有夢想的，務實的你會很想協助他，成為他的靈魂伴侶、幫他實現一切。可是在實現夢想的過程中，因為他太過理想，你又比較規律而腳踏實地，加上他的想法太抽象，夢想太過不可思議、太難實現而產生紛爭。

　　靈數 9 會用一種修行者的態度來看待世事，對於世俗的一切，會用他的高度去思考，他認為理想就是要崇高，心就是要有大愛，很多事都太世俗、太物質了。而務實又實際的你，剛開始也會覺得他好有想法、說得好有哲理，相處久後就開始覺得他想得雖然深入，但未免也太不在乎了，讓他有一種被潑冷水的感覺。

　　其實，只要兩人不要老是患得患失，就會相處得特別開心。他有夢想，而你的執行力很強大，如果能互相協助，就不會不切實際，可以讓美夢成真。所以靈數 9 要注意，高度太高反而看不到世界的美，心要低一點，才能體會到靈數 4 的好與愛。

靈數 **5** 的愛情

靈數 5 是愛好自由與冒險，是不受框架限制的自由之光，非常照著自己的靈感走，不喜歡被拘束。你的人緣也跟靈數 3 一樣好，說話非常幽默風趣，深受異性喜歡。靈數 5 熱愛自由，追求可以相互尊重及學習成長的愛情，不甘於成為愛情的奴隸，也不輕言付出承諾，用力緊抓著任何形式上的自由。要你定下來不是一件容易的事，需要耐心和溫柔的善待，以及至高無上的崇拜與尊重，才能拴住你不安定的靈魂。為了避免心碎，你選擇在爭執中暫時忘卻這份愛的美好記憶，不願受到任何控制或逼迫，這會讓你瞬間冷卻，抽離愛情，難以維持長久的愛戀。你的自由並沒有被偷走，只是轉換另一種存在的形式，當你越深入愛裡，越能感受到靠岸的暖流。

★ **愛情特質**：不受控制的流浪情人
★ **愛情課題**：『你是隨波來去的浪，他以為自己是你要靠的岸』
★ **療傷情歌**：陳奕迅『愛情轉移』、楊丞琳『曖昧』、劉若英『我們沒有在一起』、孫燕姿『我不難過』、周興哲『以後別做朋友』

靈數 **5** × 靈數 **1** 速配指數 ☆☆☆

　　靈數 1 的個性特質比較自我主觀，或許有的人會覺得靈數 1 很無聊，就像隱士般只待在自己的空間中，不善於交際，但他的口才其實非常好。

　　當靈數 5 遇到靈數 1 時，兩人碰撞出的火花很特別，會產生很多曖昧、互相吸引的感覺。你認為他怎麼如此可愛，想法真的很天真單純又率直。他則訝異你變化之多，原來人生可以有這麼多自由自在，是自己從未感受過、體驗過的。兩人可能在不同的場合相遇，然後發生熱戀。

　　這樣的戀人搭配非常完美，覺得這種自由戀愛的感受真好。而且他有時候會自信不足，無法施展魅力，幸好你的嘴巴很甜，會鼓勵他綻放與生俱來的天賦及潛能。只要你告訴他：「你太完美、太棒了！」他就會不斷往前衝。

　　兩人之間的特質，會讓你們渴望這段感情細水長流，但穩定的感覺還是需要彼此耐心經營，最怕相處時間一久，靈數 1 也想做主，而你又定不下來，就會分不清楚誰是主導者，誰也不願意放下自尊和身段，而引發爭執。

靈數 **5** × 靈數 **2** 速配指數 ☆

　　這個組合會一直為對方付出，是屬於天雷勾動地火的類型。靈數 2 的被動與靈數 1 不同，他是等待情感、渴望伴侶的；而你想要自由自在的天空，

有時無法接受他的敏感善變。

　　他是一個很依賴、需要陪伴的靈魂，下班就想回家，希望伴侶一直陪伴在自己身邊，即使現在沒有另一半，他也會找家人或好友一起逛街吃飯，享受有人陪伴的感覺。所以，當你們在一起時，你會有點受不了，因為你可能週一到週日，每天行程都是滿檔非常忙碌，無法多花心思在陪伴上。

　　一旦他的付出遲遲得不到你的回報，兩人之間的爭執與衝突就會出現，一個認為自己努力為對方付出，到底得到了什麼？一個不想改變遇見對方之前的生活模式，認為自己失去了快樂，也受不了對方猜疑。兩人往往為了相處的時間與空間多寡問題而僵持不下，影響情感。

靈數 5 × 靈數 3　速配指數 ☆☆☆☆☆

　　你們的人緣、口才都非常好，都具有藝術天份，也有共同話題，交往時有種很熟悉對方的感覺。兩人可能是經由同事或朋友介紹認識，或是自然在朋友圈相遇，進而陷入熱戀。這個組合發展出的感情就像是玩伴，雖然兩個人都很忙，但在交往的時候，你們會不斷去變化相處方式，創造出很棒的氛圍；也像是兩個充滿義氣、彼此相挺的好朋友，無論男女都很豪邁、豪爽。

　　你們都蠻有想法和主見的，但比起靈數 3，你更善於變化、更有彈性，知道面對不同的對象該用什麼方式溝通。而他不是如此，要進行比較深層的談話時，他會退縮、不知所措，甚至會不小心撒點小謊，顯得比較任性、不

講理，讓你覺得他說的話與行為不同，也讓兩人面對問題時無法處理。

像這種一拍即合的感情搭配，在談戀愛時會很開心，可是進入婚姻就會有比較多的變化，一定要調和感性與理性的比例，彼此有深層的溝通與交流，兩人才會走得長久。

靈數 5 × 靈數 4，速配指數 ☆

靈數 5 和靈數 4 都是聰明人，一個是腦中想法變化多端，另一個則擁有很強的邏輯力與組織力。當你們在一起時，會積極地與你溝通，將彼此的想法化成事實、身體力行，創造出非常多豐盛的火花。

靈數 4 喜歡穩定、注重安全感，特質是缺乏變化，重視管理與效率。而你對自己的生活不怎麼講究，覺得舒服自在就好，可是他很注意一些生活細節，造成兩人有較多的落差。

在遇到互補或相似的靈魂時，人們總是會被深深吸引，你自由自在、大膽追求夢想的感覺，是他從未體驗過的，會覺得很新鮮、很刺激。在外闖蕩、一直找不到安定感的你，總是不斷戀愛、揮霍著青春，內心也很希望有人來呵護自己；當他遇到一個深愛自己、能在家守候他的伴侶，會覺得人生瞬間圓滿。

如果兩人能良好溝通、有智慧地相處，會是非常棒的組合，可以一起面

對所有狀況，給彼此建議。不過，最怕雙方的特質差異實在太極端，容易越相處就越看對方不順眼，可能會互相折磨，也有很多的誤會。比如，他會要求對方聽從他的意見，不喜歡被管束的你就會感到非常不舒服。面對個性上的差異與誤會，兩人可以看得長遠一點，試著多了解彼此，不要想得過於複雜，畢竟感情不需要太多言語上的解釋，不過就是你快樂、我舒服，在一起能幸福就是最好的事。

靈數 5 × 靈數 5　速配指數 ☆☆☆☆

靈數 5 遇上靈數 5，相同的數字、相同的個性特質，是最佳的靈魂伴侶與戀人。你們都有著自由自在的靈魂，不喜歡受到束縛、也不喜歡被管束。如果能夠結合彼此的人脈資源、智慧與藝術天分等，將會是一個不得了的幸運組合，因為這兩人在一起會互相「助」、「旺」彼此的情感和運勢，生活中會經常出現讓人驚奇的小幸運。

不過，由於兩個人的變動性都很高、狀況也多，碰撞在一起時，未必會產生漂亮的火花。只要雙方的思考能更加周全，撐過交往的磨合期，是可以相處得非常好的，也能在彼此身上找到戀愛的快樂和熱情。記得不要衝動或感情用事，讓熱情曇花一現，到最後不信任彼此。

在面對現實問題時，兩人要一起扶持、一起去承受這些壓力，避免將來變成各走各的路。夢想落空時，也要互相鼓勵對方，而不是各自做各自的夢。

靈數 **5** × 靈數 **6** 速配指數 ☆☆

　　當靈數 5 遇上靈數 6 時，會有一見鍾情的感覺，都覺得對方太完美了。負責任的他會讓你覺得很有安全感、很講義氣，這種義氣是比較內斂式的，因為你的義氣是屬於外放、海派的那種。兩個人的心中都有著非常豐沛的情感和能量，都是願意付出的人。

　　這個組合在一起，雙方都會非常投入，掏心掏肺。但最怕的是彼此付出的力道不同，有一方一直過度付出、而且是帶著目的性，另一方卻始終無法理解，彼此就會出現很多情緒，認為付出並不對等，或是對方給的不是自己要的。

　　他要的是一段很有安全感與穩定的關係，不會彼此計較且心甘情願。他是務實及需要情感回報的人，為了獲得自己想要的關係，他也很願意付出。唯有正視他給你的愛，以及經營情感的用心時，他才會得到慰藉，否則彼此的距離將會越來越遠。

　　其實，你們的才華和天賦都極佳，只要別讓相處演變為情緒化的戰爭，一下說要分開、一下說要在一起，長久穩定地走下去，可以創造出非常多奇蹟與可能性的，兩人也會互相扶持、互相依賴，迎來幸福。

靈數 5 × 靈數 7　速配指數☆☆☆☆☆

　　這是一個會互相吸引、被對方電到的完美組合，屬於夥伴型、玩伴型。靈數 5 和靈數 7 可以愛得很刺激，因為你既積極又熱情，而他雖然悶騷、神祕，可是當你進入他的世界，點燃他的愛火時，他所回饋的爆炸性熱情會讓你覺得非常開心，那是一種享受愛情的氛圍，而且彼此互補。

　　不過兩人相處久了之後，可能會出現兩種不安定的狀況，一種是心不夠安定，一種是形式不夠安定。你們都不想被約束，但他比較想掌控整個局面，所以當你的自由度太高時，他會覺得自己失去了主控權，而開始變得偏激，不安全感湧現，也出現很多顛倒是非的想法，甚至懷疑你的忠誠度。

　　然而，你們是遇到壓力就很難表達的人，寧可閉口不說，因為覺得對方的懷疑和不信任讓你不舒服，講了也是白講，對方可能也不會接受他的解釋。在雙方都產生芥蒂的情況下，感情也會逐漸降溫，讓兩人漸行漸遠。

　　如果靈數 7 可以回歸隨心所欲、隨遇而安的本質，你們就會是很開心的玩伴，記得不要本末倒置，也不要讓情緒化主宰理智，那樣只會影響彼此的感情。只要能讓兩人之間的默契、熱情和無話不談延續下去，這就是一個很幸福的組合。

靈數 5 × 靈數 8　速配指數 ☆☆☆☆☆

　　靈數 8 的事業心、企圖心都非常強，也非常有領導欲。兩人都是重欲望、重視物質享受的數字，兩人在一起時，會發揮更豐沛的力量。你喜歡及時行樂，而他規劃性較強，很願意為你做出完善的人生規劃與建議，因為他想掌控的是整個生活、還有人生。你若能從善如流，兩人就會相安無事，如果他的規劃不是你想要的，你的叛逆心和任性就會跑出來，心直口快又任性的傷害到他的情感。

　　這個組合的特點是，你們擅長把事情看得很通透，會互潑冷水、嘴巴都很硬，還會不時為了輸贏而起爭執。雖然能夠洞察問題是很棒的事，但該怎麼做才是兩個人要努力的重點，並不是抱著「看透了就這樣吧」的消極心態，只會讓這段感情出現更多波折，非常可惜。如果靈數 8 說話的口氣別太過強硬，能退一步與你溝通，其實你是願意聽進去的，這樣兩人的相處才會有更多的可能性。

靈數 5 × 靈數 9　速配指數 ☆☆

　　這是一個希望感情可以細水長流的搭配，因為你們都有很多夢想，卻有太多保守或難以改變的部分。靈數 9 重感情，對精神層面非常要求，是精神主義者；而靈數 5 是物質主義者，重視生活的享受，比較偏重物欲。這樣的組合其實並不搭，因為兩人在交往後，會受到彼此的限制。

你們都需要很高的自由度，靈數 9 要的自由在於天馬行空的想法與靈感，以及心靈上的空間，覺得兩人不需要朝夕相處；而靈數 5 要的是人身方面的自由。如果兩個人都各自堅持，就會變得固執、沒有人願意先放下身段，那麼這份牽制就會一直存在。

　　其實，你們兩人交往會發展得很辛苦，因為你們不太適合當戀人，談起戀愛會有很多情緒與不安全感，一方過於保守，另一方又過於固執，在交往上未必能夠開心。如果要進入婚姻，倒是很需要這樣的穩定感，當兩人願意卸下防備，速配的程度也會大大提升。

靈數 6 的愛情

靈數 6 的人天生帶著一股自然脫俗的氣質，極具藝術天分又有內涵，個性海派、富正義感，讓人感覺很安心，任何人都會深深被你吸引。

一生都在追求真愛，重感情、重承諾，一旦愛上就會掏心掏肺，用盡全力付出捍衛愛情，卻把委屈都往心裡藏。你很容易迷失在局裡而不自知，很難放棄一段關係，無法擺脫都是你責任的範疇。

靈數 6 的男生在情場上的起伏大，愛情多采多姿，很多人覺得你像情場浪子，這些都是歷盡滄桑及深刻體驗的刻骨痕跡。6 數容易吸引受傷的靈魂，以為自己可以治癒好對方的心，於是飛蛾撲火，不自覺攬了一身責任及問題，當得不到溫情的回報，換來滿地的心碎，不只關係失衡，甚至容易自我犧牲。療傷愛情的學問，不一定要親臨現場才能拯救對方，你的快樂與否取決於自己。

★**愛情特質**：『忠於愛的信徒』

★**愛情課題**：『我們都是缺，在愛裡愛成一個圓』

★**療傷情歌**：劉力揚『禮物』、孫燕姿『我懷念的』、『愛情電影』、盧廣仲『魚仔』

靈數 6 × 靈數 1　速配指數 ☆☆

主動又有個性、有主見的靈數 1，搭上溫柔體貼、活潑可愛，個性被動的你，算得上是特質互補的靈魂伴侶。他是業務長才，也具有藝術天分，所以與你在精神或實質上的交流都有共同話題，可以聊得非常快樂。

這個組合要注意的問題是：他的主觀很難改變，而你在過度付出後，總認為他沒有把你放在心上，似乎都在過自己的生活，讓你感到受傷，長久下來就會患得患失，出現情緒或溝通的問題。你的不安全感會讓你迷失自我，開始去挑剔對方，覺得他沒有努力在經營這段關係。

靈數 1 也要注意，不要很快就愛得火熱、付出得很快，一旦失去動力，就會覺得這段感情不符合自己最初的想像。其實，你們是比較適合在事業上互助的理想配對。

靈數 6 × 靈數 2　速配指數 ☆☆☆☆

靈數 6 和靈數 2 的個性都比較消極被動，愛情觀有很多相似之處，這意味著兩人細水長流的可能性也比較高。他們都希望另一半穩重、值得依靠，也很喜歡浪漫體貼的感覺，十分享受牽手散步、老夫老妻般的生活。

如果兩人能進展到組織家庭的階段，就會開始為了彼此的未來設想，無

論是房子、將來的生活、事業的規模，所連結雙方的事業與人脈、錢脈，這就是靈數 2 與靈數 6 搭配最強大之處。

需要注意的是，若靈數 2 能放下自己脆弱、沒安全感的弱點，未來的藍圖就會越來越值得期待。雖然這兩人都很被動，可是走到最後，一定會有一個人變得比較霸道，想要強出頭、想要主導一切，這時如果能回到兩人原本柔軟溫柔的性格，願意放下彼此的身段，溝通就會非常順暢。

靈數 6 × 靈數 3　速配指數 ☆☆☆☆

顏值高、桃花運強的靈數 3，其實極具藝術天分，稱得上是才華洋溢。當靈數 6 遇上靈數 3 時，兩人很容易天雷勾動地火，發生一段韓劇般的戀情，會愛對方愛到無法自拔。

靈數 6 很願意照顧人，而他很願意被照顧；但靈數 3 總是有太多讓你看不慣的地方，讓你不小心表現出他「挑剔」的負向特質，一直放大靈數 3 不完美的地方。

他的個性就像小孩，小孩不喜歡、也覺得不需要為了對方改變。而你是追求穩定生活的人，只知道犧牲奉獻，久了之後就會開始質疑自己？為什麼如此深愛，卻這麼痛苦？無法得到自己要的？你的無怨無悔在他身上得不到出口，會讓他很難受。

這個組合交往到最後，都會回到溝通問題。明明雙方都是聰明、會溝通的，例如靈數 3 會提供建議給你，你會協助他打破固有思維，彼此是可以互相幫助的，為什麼最後卻變成這樣？因為一方總是想要享受照顧、享受生活，另一方卻一直在等待、在付出，才會造成兩人失衡的狀態。

靈數 6 × 靈數 4，速配指數 ☆☆☆☆☆

這個組合的交往大多是從朋友開始當起，或是透過朋友介紹認識，如果雙方都有好感，一定要把握近水樓臺的機會，去認識彼此、進一步相愛。

靈數 6 與靈數 4 都想追求穩定的生活，加上兩人很願意照顧彼此，很適合走入家庭。他很有個性、像王者一樣，非常有做事的方法，而你是個吹毛求疵的完美主義者；靈數 4 善於打理好每一件事，這點讓你覺得很有安全感，認為對方是最棒的伴侶。

既然兩人懂得互相照顧，一切看似無憂無慮，為何最後還是免不了互相抱怨？因為，對於務實派的他來說，你有許多做事的方式都太過浪漫且不切實際，許多地方和他想像的不一樣，這就是這個搭配最大問題點所在。

靈數 6 × 靈數 5　速配指數 ☆

　　靈數 6 個性溫和，而靈數 5 活潑又大剌剌，這種特質上的差異，會讓兩人相遇時，有種深受吸引、天雷勾動地火的感覺；加上他很願意讚美你對自己的愛與付出，這種感激也會讓你覺得自己沒有對方不行。兩人之間這種一見鍾情、相見恨晚的感覺實在很完美，但也要小心別愛得太快、太過濃烈，因為你們的感情觀是完全不同的，最後還是得回歸到現實面。

　　靈數 5 是一個不輕易安定的人，重視承諾卻不輕易給承諾；而靈數 6 卻是渴望穩定的，如果要組成家庭，靈數 5 是很難滿足你的。這樣的組合有點危險，最好可以多一點精神交流，而不只是只著重在物質享受上。

　　你是很願意付出、奉獻的人，而靈數 5 的口才與幽默感，很適合擔任對方的療癒師，融化你的心。如果兩人願意運用彼此的特點，將變化多端的創意想法發揮在彼此的相處，你們就會越愛越美麗；但如果無法感激彼此，只顧著做自己，就會產生問題。

靈數 6 × 靈數 6　速配指數 ☆☆

　　數字與特質都相同的靈數 6，個性浪漫體貼、有責任感，這兩個靈魂伴侶的本質很像，搭配起來有一定的適合度。

不過，當一段感情缺乏主導性，或是沒有哪一方的個性比較強時，最怕發生的狀況就是：兩人相處久了，覺得任何事情都理所當然，所以放心地去做自己，因此讓對方產生疑慮，覺得這個人似乎和剛交往的時候不一樣了，這段感情真的是自己要的嗎？甚至就這樣拉開彼此的距離，漸行漸遠，到最後很難挽回對方。

　　靈數 6 遇上靈數 6，兩個人都很愛計較誰付出得比較多，誰付出的比較少可是，過多的計較只會導致心理失去平衡，其實放下天秤、停止丈量，兩個人就會愛得很幸福。

靈數 6 × 靈數 7　速配指數 ☆☆

　　這個組合很可愛，因為靈數 6 直接、單純，靈數 7 卻有很多變化，不論談論什麼都有著豐沛的靈感，想法都很獨特。他的心思非常細膩，你則是在行為上小心翼翼，一步一腳印地去執行。

　　屬於靈感型、浪漫型的靈數 7，思考、邏輯與直覺都很強，當你遇上靈數 7 時，會覺得由靈數 7 來主導關係是不錯的，氣氛很浪漫，可是他太敏感了，有著說變就變的靈魂，相處久了就會發現他總是想太多的問題。

　　但靈數 7 卻很容易質疑對方，因為他對自己沒自信，需要一再肯定自己是值得被愛的、確認對方是愛自己的。不過，這個組合的契合度還是挺高的，只要注意愛情的平衡機制即可，例如靈數 7 比較重視精神層面，靈數 6 就得

比較務實、站在現實面一點。只怕靈數 7 的思考太過複雜，靈數 6 的心思無法跟上步調，兩個人最後還是會分開。

靈數 6 × 靈數 8　速配指數 ☆☆☆☆

靈數 6 溫柔體貼，靈數 8 則無論男女都非常強悍，一個溫柔、一個強勢，就會呈現互補的狀態，讓彼此互相吸引。兩人一開始的關係，會給靈數 6 滿滿的安全感。他的果斷與堅強令你十分崇拜，會覺得對方有很多地方值得自己學習。

但久而久之，你也會有自己的想法，希望靈數 8 能同理自己，看見自己一直在付出，一直扶持對方。不過靈數 8 的世界總是分秒必爭、競爭激烈，沒有時間浪費在小情小愛上，兩個人就會開始想掌控彼此的感情、想法與價值觀。這讓你很受傷，覺得他為什麼要對這份溫柔的愛施加壓力？覺得雙方之間已經不再幸福、不再甜蜜。

假如兩人可以多給自己一些獨處的空間、多製造一些浪漫體貼和溝通的機會，還是可以走下去的。

靈數 6 × 靈數 9　速配指數 ☆☆☆☆☆

靈數 6 與靈數 9 都很渴望浪漫的愛情，但靈數 9 的浪漫是天馬行空、無可救藥的。

靈數 9 有一支愛情的溫度計，需要隨時平衡彼此的感情，時而近時而遠，你熱他就冷，你冷他就熱，只要剛剛好的愛。相反的，你很願意為了別人犧牲自己，甚至忽略自己的需求，不過你畢竟是實際派的，長此以往，還是覺得這種若即若離的關係很不舒服，被人忽略的感覺會讓你很受傷。

而且靈數 9 有些自以為是，當你無法從他的身上得到自己想要的溫柔和安全感，就會認為對方已經變了、不再是自己想要的樣子，這段感情也只能告終。

靈數 7 的愛情

靈數 7 直覺力強、靈性又敏感細膩，隨遇而安又瀟灑，有了伴侶仍享受漫著咖啡香的獨處時光，完全是跟著感覺走的浪漫步調。你喜歡能共同成長與極富挑戰的愛情關係，伴侶必須滿腹才華又充滿智慧，才能激發你對愛的渴望。

若情感開始走了味，或感到脅迫及壓力，你會以頑固和難以捉摸的模式表示你的抗拒，也會開始縮減給情人的空間，寧可把時間留給自己或朋友。在愛情裡你渴望支配與主導，甚至想完全佔有對方，你討厭被懷疑卻又忍不住心生質疑，擁有一顆停不下來的腦袋，需要不斷思考，無法放空。缺乏耐性下，容易產生摩擦與爭執，你需要理性且同等的彼此善待。若是在這份愛裡再也長不出信任，幸福將被憎恨的墨染了一身的黑，愛要無畏無私，你若真的愛，就不怕用力的給。

★**愛情特質**：追根究柢的神經質情人

★**愛情課題**：『如果可以好好愛，沒有人會選擇恨』

★**療傷情歌**：那英『默』、陳奕迅『好久不見』、畢書盡『轉身之後』、張惠妹『連名帶姓』

靈數 **7** × 靈數 **1** 速配指數 ☆☆☆☆☆

　　靈數 7 與靈數 1 的個性都是很主觀、很有主見的。靈數 7 既神祕又優雅，很需要隱密、占有欲很強，不像靈數 1 大剌剌的，比較主動、有侵略性，給人很霸氣的感覺。

　　這兩個人都愛面子，最怕的是吵架時誰也不讓誰，沒有人願意溫柔，也沒辦法以柔克剛。如果靈數 1 願意退讓一下，或是你少一點火爆的熱度，雙方的關係就能經營得比較好。

　　在談戀愛時，這個組合是受到愛神邱比特眷顧的，會愛得很火熱，為對方著迷、深受吸引，這種感覺真的非常美好。只要記住別讓負面情緒壓榨彼此的感情就萬事幸福。

靈數 **7** × 靈數 **2** 速配指數 ☆

　　當靈數 7 遇上靈數 2 時，是可以互挺的，兩個人都很豪邁，願意在感情裡支持彼此。

　　這個組合的問題在於雙方都非常敏感、細膩，靈數 2 的敏感和細膩會化成實際行動，而靈數 7 卻是在心裡去體貼對方、去為對方付出，你的感情是默默付出的，而靈數 2 的愛比較直接，例如：他會幫對方把事情做好之後再

告訴對方；但靈數 7 是先在腦中幫對方設想好卻不一定身體力行，所以兩人最常為了這種事起爭執，開始計較、患得患失。

靈數 7 得不到靈數 2 的認同，因為他並沒有看到你為自己做的一切。靈數 2 是很需要反饋的數字。當你無法愛得很快樂、失去戀愛的感覺之後，就會開始感情用事和頑固，導致兩人分分合合的，是這個組合最糟糕的地方。

靈數 **7** × 靈數 **3** 速配指數 ☆☆☆

這兩個人對彼此都是很有感覺的，數字的特質也都非常有藝術性與靈性。當靈數 3 遇上靈數 7 時，很容易一見鍾情，對彼此的占有欲要降低一點、安全感要多一點，最重要的是，一定要留意雙方溝通的用詞，別用言語刺傷了對方，才不會得不償失。

因為靈數 3 能言善道，且心直口快，而且是有什麼說什麼的人；當靈數 7「有什麼說什麼」的時候，通常都是帶著情緒的，所以說出來的話都是犀利的言詞居多。

這個組合要注意的問題是，你們真的會互相引爆對方的怒火。明明是可以細水長流、百年好合的組合，卻落入了情緒的圈套，很容易就動了氣，誰也不讓誰。

靈數 **7** × 靈數 **4,** 速配指數 ☆☆☆☆☆

　　這兩個人在本質上非常的不同，靈數 4 很愛付出，但靈數 7 卻有點冷漠；他有很多的要求與教條，你卻是一個隨興的人，不喜歡太多的框架跟束縛。

　　你們在一起時，彼此都很需要空間。靈數 4 要的空間是家的空間，而你要的空間是私人空間，兩者想要的空間是不一樣的。

　　如果兩個人住在一起，最好多留一個空間給靈數 7，譬如一間小書房或小閣樓，在遇到狀況或想要清淨的時候，可以讓靈數 7 退回到他安全的角落去，這樣雙方的衝突就會減緩許多。渴望穩定的靈數 4 和不喜歡被打擾的靈數 7，只要在這方面配合得好，就會相處愉快。

靈數 **7** × 靈數 **5** 速配指數 ☆☆☆☆☆

　　悶騷的靈數 7 遇上熱情積極、幽默風趣的靈數 5 時，完全可以被他逗得哈哈大笑。靈數 7 就像冰山美人、冷面笑匠，當你被融化的時候，對方肯定有逗到你開心的地方，而靈數 5 就具有這樣的魔力。這兩個人在一起時，他一定會滿足你要的感覺，既是自己的愛人，也是很懂自己的好閨蜜。

　　其實，你很缺乏自信，但他會一直以正面、肯定的話來鼓勵你。靈數 5 是一個很衝動的人，而靈數 7 卻很欣賞，所以你們可以從彼此的身上獲得互

補的能量，這種愛的橋梁是與生俱來、早就搭建好的，互相輸送對方的溫暖與愛，這個組合真的是很棒。

但是要注意的是，靈數 7 的掌控欲非常強，相處久了之後，若靈數 5 不再把心思放在你身上，你就會變得越來越沒有安全感，開始疑神疑鬼，很多不必要的問題就會跟著出現。如果靈數 5 可以給靈數 7 多一點信心與安全感，這些懷疑都不會存在，兩人就會是一對很棒的靈魂伴侶。

靈數 7 × 靈數 6 速配指數 ☆☆

靈數 7 與靈數 6，一個一直在犧牲、付出，另一個很有自己的想法、卻又不斷推翻自己的想法。這個搭配的合拍，就在於兩人都善變、都沒有框架，但他們又有各自的角度。

靈數 6 的思維比較直接、穩定，雖然也會想很多，但他覺得事情沒有那麼複雜，也不需要那麼多變化；所以，靈數 6 不理解你為何總是如此善變，也讓他很沒有安全感。雖然，靈數 7 像魔術師一樣，確實創造出很多的可能性，並且人的思維本來就會隨著階段不同而變化，即使如此還是讓靈數 6 感到不舒服、受打擊。

你的防禦心很強，害怕改變，即便你本身就是一個多變的人，所以靈數 7 需要一個穩定的對象來鎮住他，這也是戀愛與婚姻的差別。靈數 6 要的是忠誠穩定、把愛情當信仰的人，可是靈數 7 卻不斷挑戰自己，甚至挑戰對方

能否接受自己，雙方就因此產生很多的不適應和不習慣。

靈數 7 × 靈數 7 速配指數 ☆☆☆☆☆

相同數字組合的這兩個人是非常相似的靈魂伴侶，你們一開始會覺得彼此真像，可是在一起久了，就會發現雙方的想法、做法其實大不相同，因為靈數 7 錯綜複雜的思維，會產生的落差實在太多了。

如果願意放下腦袋，只要用心感受兩個人在一起時的濃烈，又願意接受彼此的思維與價值觀，將會激盪出一個非常靈性又有氣質的組合。建議你們可以在興趣、品味或信仰方面，找出頻率相近、互相搭配的共識。

但如果總是質疑彼此、推翻彼此，不斷爭執到最後，愛情的能量是會被耗光的。試著想想對方身上一定有自己想了解的部分，只要學會體諒對方，不要互看不順眼，關係就不會越來越僵。

靈數 7 × 靈數 8 速配指數 ☆☆☆☆☆

靈數 7 和靈數 8，一個很慵懶、愛空想，另一個卻是想到就做、即知即行的行動派，如果這兩人願意互助，會搭配得非常完美。例如，靈數 7 的點子很多，而靈數 8 的賺錢方程式豐富，可以幫助你用靈感賺到錢，雙方合作

愉快。這一對個性很能互補的搭配，一個堅強、一個脆弱，一個浪漫、一個務實有安全感，不只談戀愛時很舒服，就連組織家庭也可以愛得很快樂。

要注意的是，靈數 8 控制欲非常強，當他想主導這段關係，就會開始批評靈數 7 的想法有缺失、有漏洞，想對你提出建議，惹得你很不高興。他也會不耐煩，覺得你太過慵懶了，不像成功的人一樣願意付出。

不論是事業合夥或感情交往，這兩個人都是可以互補的，當有一方想要操控對方或不同理對方時，快樂的關係就會變得不舒服了。

靈數 7 × 靈數 9　速配指數 ☆☆☆☆

靈數 7 和靈數 9 都很有靈性，一個是一直在追求答案的靈魂，一個是充滿野心的靈魂，兩人都不斷地想從自己的心靈思考、信仰或宗教之中，去尋求安定與安全感。因此，聊到精神層面的話題時，他們絕對可以聊得很過癮。

靈數 9 很願意引導靈數 7，如果你也願意接受，這兩個人就會努力去實現你們浪漫的夢想，讓美夢成真。可是，面對他宛如偶像劇的戀愛方式，你反而有很多思考與猶豫，因為靈數 7 會偏離現實，靈數 9 也很天馬行空。

這兩人最讓彼此不舒服的一點，就是善變，彷彿雙方中間有一座橋，走到一半了，才發現對方不是自己想像的那個樣子，於是只好折返，這座橋不

是一條捷徑，反而會造成衝突。兩人在一起久了，也會開始勾心鬥角，自私自利。吵架的時候，請雙方一定要回到最初，回想對方讓你感動的甜美記憶是什麼。

靈數 的愛情

靈數 8 喜歡富有未來潛力的對象特質，享受著輔佐對方成長，且共同闖蕩江湖、彼此相伴一生的革命情感。你的事業心非常強、富有邏輯性，對許多事情都有掌控欲，畢生都在與事業、金錢、欲望和權力搏鬥。當你投入感情時，擅長壓抑自己，取悅對方歡心，很容易陷入糾葛或複雜的狀態，畢生的愛情面臨不少魔考。

唯物主義強烈的靈數 8 很願意兼顧愛情和麵包，如果你的伴侶生性浪漫又隨性，就難以適應你的急躁、主觀意識及控制欲。你非常用心付出，卻也容易真心換絕情，因為付出的方式未必是對方想要的。愛要以對方需要的方式給，才能在幸福裡共舞，正如你若能釋放壓抑與討好，你將甘於美化難以癒合的傷疤，你絕對是值得相伴一生和依靠的優質對象。

★ **愛情特質**：『擁抱傷疤，不說苦』

★ **愛情課題**：『一輩子太短，捨不得將就，而幸福需要一點愚勇』

★ **療傷情歌**：鄧紫棋『喜歡你』、吳宗憲『三暝三日』、林憶蓮『聽說愛情回來過』

靈數 8 × 靈數 1　速配指數 ☆☆

　　靈數 8 和靈數 1 算是滿對立的，因為兩個人都很有企圖心，像靈數 1 喜歡創業、投入在自己的事業中；靈數 8 的謀略力也比較強。雖然一樣主觀，不過，當你的掌控欲對上他的主觀時，就會有種硬碰硬的感覺。

　　這個組合交往到最後，會因為想要掌控對方，搞得彼此都不舒服，也因為兩個人都很有主見，最後會淪落到指責對方愛吃醋或愛管束等原因，讓彼此越來越對立，越來越無法認同對方、取悅對方，到最後把對方當成空氣。

　　試著停下腳步，放下情緒，想想以往對方的優點，兩人的情感才能長久維繫下去。

靈數 8 × 靈數 2　速配指數 ☆☆☆

　　當靈數 8 遇上靈數 2 時，會出現很多觀念不同的地方。如果從互補的角度來看，這個組合是很適合談戀愛的，因為他會被你霸氣、海派的個性吸引，受到你的照顧和保護，也讓他覺得很浪漫。而靈數 8 一旦有了喜歡的感覺，就會投入得很快。

　　靈數 8 是重視物質的人，會給靈數 2 一種「生活有保障」的安全感，靈數 2 正是需要確認安全感的，這是很適合走入婚姻的互補型組合。

當靈數 8 遇到靈數 2，一個溫柔、步調慢，另一個急躁、但執行力強，剛好一個主外一個主內。倘若他們在生活觀、價值觀都調配得很好，懂得各退一步，觀念的差異就能磨合，有效減少衝突，讓愛情順遂、關係細水長流。

靈數 8 × 靈數 3　速配指數 ☆☆☆☆☆

靈數 8 與靈數 3 的搭配其實很適合，只是因為靈數 3 心直口快、孩子氣、浪漫，桃花多，而靈數 8 喜歡掌控，希望對方照著自己的方法做。靈數 3 只要遇到「我教你怎麼做」的人就想逃跑，因為他有著自由自在的靈魂，甚至喜歡跟靈數 8 唱反調，表達自己是獨立的個體，宣示主權。

這兩個人之間的對立感，很容易因為靈數 8 的掌控欲而被激化出來，靈數 8 的感情危機，經常是出自雙方的對立、溝通、主見等問題。其實，他需要的是談戀愛的玩伴，不過你非常有商業頭腦，可以將靈數 3 充滿創意的想法化為現實。如果有做到這一點，你們的感情會變得很好，兩人如膠似漆，個性也會越來越契合。

這個組合相處的重點是，一定要互相讓步，才有機會相處融洽，相敬如賓、夫唱婦隨。

靈數 8 × 靈數 4，速配指數 ☆☆☆☆

　　靈數 8 與靈數 4 的感情都很內斂，彼此的目標和想法都即為接近。靈數 4 喜歡穩定的感覺，靈數 8 也在組織自己事業上的穩定感，兩個都屬於執行力強的人，做的比説的還要多。

　　不過，你們都不是隨時將愛掛在嘴巴的人，而是以實際行動來表達自己的愛情。一個很堅持、很穩重，一個很有耐心、很願意付出，即使沒有把愛説出口，感覺卻是一直沐浴在愛裡面。在這樣的經營下，只要維持住穩定感，兩人的感情就會相安無事、細水長流，相處得很愉快。

靈數 8 × 靈數 5　速配指數 ☆☆☆☆☆

　　靈數 8 的掌控欲對靈數 5 來說，是毫無效果的，因為靈數 5 對自由的追求，已經到了「不自由，毋寧死」的程度，相處久了，就會有很多反差出現。他的特質是沒辦法掌控的，而且不會接受自己不喜歡的方式，即便你很用心，但他只會覺得你講得未來太遙遠，他看不到，他只要活在當下是快樂的就好，所以兩人就會漸行漸遠。

　　在一個想當老大，一個希望對方聽話的狀況下，其實只要多一點溫柔體貼，再讓步一下，就會發現每個階段關係的問題，幾乎都可以得到緩解。

靈數 8 × 靈數 6　速配指數 ☆☆☆☆

　　靈數 6 的感情非常堅貞，他也需要感情忠誠度很高的伴侶。當他心軟、溫柔體貼的特質，遇上剛強、有毅力、愛賺錢、執行力強的靈數 8，其實是很受吸引的，因為一個剛一個柔，如果能剛柔並濟，就會幸福快樂；但如果剛柔無法互相協調，就會很不舒服。

　　這兩人都有自己不凡的氣質，可以去營造彼此生活上的品質，靈數 6 比較會針對生活、感情面進行說教，靈數 8 則是針對人生方向、價值觀發表想法，這種時候雙方就會感受到一點壓力。不過他們還是很有默契的，可以相輔相成，相處得非常愉快。

靈數 8 × 靈數 7　速配指數 ☆☆☆☆☆

　　靈數 7 向來很有智慧、很有想法，遇上靈數 8 時，很容易一見鍾情。靈數 7 很重視精神層面的生活，靈數 8 則是唯物主義，但你還是很能欣賞靈數 7 的智慧、想法以及靈感力。

　　這兩人一個是行動派，一個是思想派，如果能夠合作，不會輸給靈數 3 搭配靈數 8 的組合。因為靈數 3 比較多是浪漫的夢想，而靈數 7 擁有的是特別的靈感力，就像天生在接收訊息一樣，你會覺得太棒了，而想致力化為實際成果。

再來談到掌控。靈數 7 很需要隱密的空間，別人絕對不能干涉，否則他會很不舒服。記得保有各自的生活空間，互相尊重，這兩人只要別感情用事，都可以相處得很愉快。

靈數 8 × 靈數 8　速配指數 ☆☆

靈數 8 的人都很強悍，如果擁有同樣的生活目標和共識，在一起是可行的，只怕兩人在互相拚鬥的時候，得罪了對方而不自知，這樣會產生很多強烈的情緒風暴，變成你說你的、我做我的，造成很多不舒服的感覺。

其實這些爭執都是不必要的，兩個同特質的人不該是敵人，也不會是競爭對手，應該是夥伴，不用想著要操控對方。加上他們各有自己的事業，我也有我的；兩個人不一定要合作，但是在一起的時候，感情世界就不會有太多風暴。應該要避免衝動、對立，並捨棄那些情緒衝動和質疑。

靈數 8 × 靈數 9　速配指數 ☆☆

多才多藝、有才華又浪漫的偶像劇主角靈數 9，也是重視精神層面的理想主義者，有很多夢想要去實現。靈數 3、7、8、9 都是有夢想的人，當他們遇到擅長執行的靈數 8 就很棒，令夢想化為真實。

靈數 9 是完美主義很強的人，一開始靈數 8 覺得很值得，會為了靈數 9 投入情感，只可惜他比較會拖延而生性浪漫，不見得可以符合靈數 8 的期待。

這兩個人要避免太過直接的溝通，不夠圓滑或過於主觀。有時候，他的包容力非常強，但如果一昧的犧牲、不懂得拒絕，就會被靈數 8 騎在頭上，產生許多不舒服的感覺。

其實你們都很有野心，只是一個以夢想居多，一個比較實際派，靈數 8 記得不要太急切，要學會欣賞靈數 9 的浪漫情懷與理想主義，兩個人就能相處愉快。

靈數  的愛情

靈數 9 是一個有故事的人，既淡薄名利又浪漫主義，對你而言，你喜歡才華洋溢、或欣賞你夢想的人，可以成為對方世界裡的英雄，也是你的夢。

你幽默善解，喜歡營造快樂的氛圍，習慣將事情往身上攬，就算不是你擅長或發出自願的，但容易犧牲自我，而獻身愛情，只想成為對方的解憂藥方，因為你對愛深信不疑，相信愛會讓你長出勇氣與智慧的翅膀。你總是將對方捧在手掌心般的呵護，像擁有全世界般的富有。而感情容易發生戲劇化的波折，若對方戳破你的美夢，或不再尊重與支持你，你會以最優雅的方式回擊。不後悔曾經的全心全意，這場愛的結束，是下一段幸福的起點。

★**愛情特質**：『沈醉在夢裡的浪漫詩人』
★**愛情課題**：『擺渡人的宿命，盡是護送對方到彼岸，忽略了自己的渴望』
★**療傷情歌**：韓劇 - 來自星星的你 -My Destiny、葉蒨文『愛的可能』、A Lin『分手是需要練習的』、周杰倫的『聽見下雨的聲音』

靈數 9 × 靈數 1　速配指數 ☆☆

靈數 9 很重情義又浪漫，有很多的愛情夢、理想夢，像靈數 1 這種腳踏實地的人，很受不了靈數 9 的天馬行空。

靈數 1 比較從一而終，一開始對伴侶有多熱情，到最後依然如此，就算熱情稍微減退，也始終如一。一開始覺得對方有趣及滿富才華，最後卻忍不住戳破 9 的幻夢。所以，靈數 1 會讓靈數 9 很受傷。

這兩人都很有主見、很有自己的想法，只是靈數 1 的脾氣比較剛烈，如果靈數 1 可以放下脾氣，雙方就會相處得比較好。靈數 9 是一個沒辦法做決定、沒辦法很堅定的人，但靈數 1 是說一不二的人，很容易造成彼此相處的落差。

靈數 9 × 靈數 2　速配指數 ☆☆☆☆☆

靈數 9 搭配靈數 2 還滿適合的，因為兩人都是浪漫主義，很喜歡心靈互相吸引的感覺，也都很要求情感的交流與細節。他們不一定需要刺激的戀愛情節，反而喜歡的是互相依靠、靈魂交流的感覺。

靈數 2 比較依賴，而靈數 9 會比靈數 2 實際，也比較有思考力，所以面對他的情緒浮躁，你剛好可以和他互補，這是兩人可以互相配合的地方。

靈數 **9** × 靈數 **3** 速配指數 ☆☆☆☆

　　靈數 9 搭配靈數 3 時，這一組的數字其實不錯，雙方都很有魅力，及獨特的氣質。以感情和事業來說，靈數 9 的夢想很少去實現，靈數 3 的執行力比較好，比較常動起來，只是靈數 3 的天真浪漫有時候會讓自己受傷，可能做得不是很成熟，其實他有很成熟的力道，可是他的夢想太多了，比較沒辦法轉到現實面。

　　這兩個人的想法都是比較偏心靈特質的，如果遇到磨合、口角、爭執、挑戰等，這兩個人都不知道該如何面對。以感情面來說，他們其實是非常心靈相通的，如果能維持彼此之間的默契，互相體貼，其實就不會有太多過度犧牲的問題產生。

靈數 **9** × 靈數 **4** 速配指數 ☆

　　靈數 4 是很穩定、有執行力的人，你則是有一股特別的外星人特質，有很多崇高的理想。他很願意幫你把夢想化為真實，做事情也很有效率，但你必須先要有具體的想法或規劃；問題是，你向來很難有太具體的東西，如此一來，兩人對彼此的期望就會出現很大落差。

　　超級實際派的靈數 4 開始覺得靈數 9 只是空有想法而已，對你的幫忙和付出都只是白費力氣，進而壓抑心裡的想法和做法，慢慢與你漸行漸遠。

這兩個人是有可能往未來發展的，可以過著穩定的生活，但前提是靈數9必須放掉不切實際的想法，多一點勇氣去實踐。雖然你的理想都很高遠，如果能稍微降下高高的天梯，學習靈數4的實際作為。而靈數4則不要太過現實，也不要過於直接去打擊到靈數9對夢想的信心。

靈數 9 × 靈數 5　速配指數 ☆☆

　　靈數9與靈數5這兩人的頻率根本對不上，只要相處的時間一長，不舒服的感覺就會慢慢出現。因為靈數5太過活潑、太外向，而你比較內隱一點，雖然他的人緣也很好，但這兩人的頻率就是不太相同。

　　雖然你們都愛好自由，但要的自由完全不同。靈數5怕被束縛，希望連呼吸都是自由的；而靈數9要的自由是很特別的，你希望身心靈都自由，包括人權自由、精神自由、信仰自由、自我自由等等，那種情感是很柏拉圖式的、他人很難想像的，希望心靈是自在、無罣礙的。而靈數5要的只是人身自由的部分，而且對自由的真諦可能還不是很清楚。

　　所以，這樣的兩個人碰上之後，產生了很多情緒及不安全感，你不懂我、我不懂你，只會互相干涉，當然會變得非常不舒服，慢慢漸行漸遠。

靈數 9 × 靈數 6　速配指數 ☆☆☆☆☆

　　靈數 9 有較多夢想、幻想，而靈數 6 也有許多浪漫主義、夢想和理想。靈數 6 非常體貼，靈數 9 也很單純、很值得信賴，屬於大哥大姐型，其實 1、5、6、9 都有這種特質。

　　這兩人終究會有「走著走著就走不下去」的狀態發生，因為總是只有一方在付出，相較之下，他的計較會比較多一點。明明可以是一對開心戀愛的浪漫戀人，可是走到最後，會發現真的只有一方在付出，而另一方太心軟、太感情用事了。

　　其實你們的心都很軟，但兩個人是在不同的頻道，說著不同頻道的故事，所以你演的我看不懂，我說的你無法理解，當然也就無法溫柔地理解彼此。建議靈數 9 可以多發揮、多付出一點，而且是有實際行動的付出，才能稍微抓住靈數 6 容易漂泊不定、不安的感覺，千萬不要一下這樣、一下那樣，若即若離的感覺會讓他無法承受，始終如一的他是不能接受自己被忽略的，他需要對方給予自己絕對的關注與重視。

靈數 9 × 靈數 7　速配指數 ☆☆☆☆☆

　　靈數 9 與靈數 7，這兩人對彼此有熟悉的感覺，會覺得雙方的氣質和想法十分類似，也都喜歡思考與神學、玄學有關的問題。他們很容易互相吸引，

個性也滿合拍的，所以相處很融洽，不過要減少互相依賴的狀況，才不至於影響彼此的生活。

其實，靈數 7 還滿理性的，但缺點是想太多、想得太細膩。心思複雜的他，對於單純可愛的你是非常欣賞的，但相處久了之後，會開始覺得雙方的溝通不是很順利，因為心有大愛的靈數 9 會覺得靈數 7 只想到自己。這兩人思考的層次和境界是不同的，用不同層次、不同視角去看待世界，自然會得到不同的想法。

其實，這個組合還是滿相配的，只要放下那些質疑與不理解，不要覺得所有事情都是有目的的，要去了解雙方個性的特質，畢竟這些問題和彼此的情感、對彼此的忠誠是兩回事，只要在這些觀念上互相磨合、互相成長，相處是會改善的。

靈數 9 × 靈數 8　速配指數 ☆☆

靈數 9 是理想主義者，擁有很多的才華、很多偉大崇高的理想。靈數 8 會覺得靈數 9 很值得投資，甚至會為他的夢想買單，但是時間一久，就會開始嫌棄他拖拖拉拉或不上心，當初的規劃與現況相去甚遠。靈數 8 按部就班的實現了自己的部分，靈數 9 的部分卻沒有完成，這時靈數 8 難免出現計較心，讓很多價值、金錢、權力與欲望交雜在這段關係中，讓彼此很不舒服。明明是可以相處得很快樂的感情，最後卻變得這麼不愉快，兩個人都會覺得走不下去。

其實，這個組合還是可以當好夥伴、好搭檔的，一樣可以創造浪漫、親密的感覺，只是靈數 9 對兩人的共同目標要多加努力，不能再如此散漫，會讓靈數 8 很受不了。

靈數 9 × 靈數 9　速配指數 ☆☆

這兩個人有太多夢想、想要實現的理想，如果能知道彼此的弱點就在執行力上，你拉我一把，我推你一把的話，他們的感情就會越來越好。千萬不要演變到最後，你忙你的、我忙我的，雙方的頻率再也對不上。

還有一個可能發生的狀況是，一方不願意做出選擇，另一方也不肯定下心來，變成你說你的、我做我的，兩人之間越來越不順遂，甚至會覺得在一起根本就是折磨。認為對方看不起自己的理想，或對方不願意幫助自己完成夢想，開始產生諸如此類的誤解，讓這段關係無法再走下去。

Chapter 3

生命靈數：
2018 星座運勢篇

比別人更早預知未來，

就能進一步掌握先機，

在 2018 年，12 星座的 9 個靈數人格，

各自會有怎麼樣的運勢？

接下來將帶你一窺究竟！！

牡羊座
Aries × 外靈數 1 ～ 9
3月21日～ 4月20日

ARIES

2018 年整體運勢

　　牡羊座從 2017 年的秋季，木星為你的朋友 / 共同資源宮帶來幸運能量。2018 年在事業與財運上都有不錯的合作契機，重新省思過去一年的努力到了今年將開花結果，土星位於官祿 / 事業宮，風波難免，終將嶄露頭角，有所回報。但最重要的課題是：學習承擔責任，須留意壓力過大引起的頭痛與失眠問題。

★**事業運勢**：幸運之神眷顧下，靈感及創意泉湧，有利藝術、出版業，加上心靈信仰的扶持與穩定心性，將能圓滿人際上的對立與衝突。職場上有許多英雄用武之地，表現十分火紅。

★**愛情運勢**：分分合合的局面無法避免，有機會與舊情人再續前緣，從前不曾有感會發展為戀愛關係的昔日好友，有機會締結良緣，今年有望踏入婚姻殿堂。

★**財運運勢**：與金錢互動的能量旺盛，須留意財務壓力大，上半年根基須打穩，危機才不致將蔓延至下半年，須留意合夥關係容易生變。

★**幸運顏色**：粉紅色、咖啡色

★**幸運數字**：4、8

　　牡羊較重視權利及物慾，當牡羊碰上外靈數【1、3、8】的組合時，最想拚命賺錢，因重視權利及物欲，喜歡自己當老闆，但志向過於遠大，導致目標與理想相差太多，所以常常創業不易。今年凡事容易操心，缺乏安全感，但越到年底合作契機不斷，前程越是春光明媚。而一直用心想與世界接軌、渴望讓更多人看見發光發熱的你，今年度將結識許多新人脈，協助你的事業發展與學習表現，就算患難也必能脫險。2018是考驗智慧的年度，只要心無旁騖打好基礎，承擔重責、飽受磨難之餘，卻有不少貴人在你身邊，這皆是你長久累積來的慈善福報所致。想要擁有成功的甜，就得靠自己努力去掙，這就是牡羊座的風格。

　　認識的人變多了，小人也跟著變多，容易引發一些狀況，不如趁著不順遂的偶發事件當中，冷靜反思是不是自己落入了別人的責任問題當中，經過了人與人之間所有的矛盾，學習如果用智慧去處理，方能一帆風順。偏財運勢不錯，可能會有類似保險基金、金錢或土地餽贈，加上貴人運極佳，還能獲得以女性貴人為主的扶持提拔，多注意身邊是否有能引領你脫離困境的人。下半年發生異國戀情機率高，如果想遇到好的對象，那就多留意身邊會帶來財運的對象。若已婚有生育計畫的家庭，雙方需善加保養，懷上小公主機率高，想生女兒的朋友，趕快多多加油吧！戀愛過程中，須留意與另一半溝通頻頻失和，容易因為小事就互相怨懟而疏離，關係出現裂痕，覺得彼此情意越來越淡薄且難以持久，總是在揣測對方的心意究竟如何或生悶氣而受累。無論單身或有伴侶，今年戀情會容易開花結果，想要抓住命運的紅線，就要少一點挑剔、抱怨和三心二意，緣份才不致從指縫間不小心溜走。由於去年的健康運不太順遂，今年除了舊疾反覆發作，更要留意失眠問題。

　　牡羊中最纖細敏感也較缺乏主見的一群，是今年外靈數【2、4、7】的組合。整體運勢來說，今年將有很多新的契機出現，能在今年接觸到新模式、新專業、新技術或新的轉型等等，事業將有機會遍及海內外，聲譽卓越。碰到阻礙要保持低調，欲速則不達，事緩則圓，你所謀求的目標需靜待更好的時機，才能獲得極佳的發展。對你來說，2018年是個把握新契機的好運年度，雖然會有不小心做錯的選擇或決定，但可視為一種嘗試，鼓勵自己盡量發展、抓住機會，並從失敗中學習經驗。如果是白手起家者，請放下鬼打牆的「我執」，否則就等於和自己的好運過不去，在今年屬於自旺自貴型，會遇見貴人，但你所追求的目標，必須在動中求取，你再也懶散不得，不要流於極端和自以為是。切記『不做超過責任範圍內的事』否則容易惹事生非。建議經驗豐富的你，制定最完善的方案來獲取佳績。對於想達成的目標，一定要堅定信念，不管是離職、進修或各項計劃，絕不猶豫不決、重蹈覆轍。請拿出牡羊座的魄力與靈數特質的執行力，想做什麼就放手去做；一旦選擇有所拖延，你的好運也會被拖垮，一切徒勞無功。

　　單身者，容易在朋友圈中發生日久生情的戀愛事件，宜放下主觀固執的個性。如果有對象要面對溝通或婚姻大事，試著從自我苛求中解放，因為你對理想與事業的追求，容易忽略另一半感受而產生紛爭，容易反反覆覆與姻緣擦身而過，若無法堅守，最後很可能各自分飛。今年需特別注意腰部、腹部及腸胃道的保養與健康。

　　牡羊座能言善道、重情重義，今年特別展現成熟穩重且老神在在的人，莫過於靈數【5、9】的人了。整體運勢來說，2018 是小豐收的年度，尤其在金融理財、房產投資、藝術音樂、時尚美感、靈感創意和溝通各方面皆能得以發揮。而靈數【6】的人從事幼兒教育、金融、業務、企劃或管理階層工作的人對市場需求特別敏感，這三種靈數的人能獲得團隊尊重與信任，讓你更具競爭力，成為雁群的領導大師。你將學會割捨與看透，獨身闖蕩天涯勢必得犧牲掉與家人、情人的相處時光。今年爆發力十足，所以，如果你已經做好承擔重責大任與風險、願意接受改變，能夠腳踏實地去執行，就能馬上扭轉情勢，平衡你想要的美好人生，甚至另謀新的生涯規劃。所以，無需害怕失去舞台，你就是伯樂尋尋覓覓的千里駿馬；『一次一次地迷失，就一次一次地覺醒』。

　　感情方面記得：『要先處理好情緒，再處理事情』，等待風雨過後，感情就會更深厚。姻緣天註定，多花心思在情感經營上，兩人就會濃情蜜意，千萬不要因為一點小事就冷戰，分分合合對彼此容易造成傷害。單身者戀愛運旺盛，慎選交往對象，盡量避免在聲色玩樂場所，以免受到誘惑，陷入複雜戀情。健康運勢方面，留意心血管問題、注意免疫系統，容易感冒不斷。

金牛座

Taurus × 外靈數 1 ～ 9

4 月 20 日～ 5 月 20 日

TAURUS

2018 年整體運勢

　　對金牛座來說,從 2017 年秋天,木星為金牛座朋友的伴侶 / 合夥宮帶來幸運能量,主場課題會呈現在『關係』的建立與連結,你將體驗變化多端、計畫趕不上變化的歷程,是非紛擾或遇見很棒的合作對象等。今年絕對是全心投入、學習沉潛、雨過天晴的豐盛年度。

★**事業運勢**:你的無價與珍貴將被人們所發現,事業和貴人運勢皆助你轉危而安,不僅靈感啟發讓你展現才華和創意,土星入海外 / 遷移宮,激發了不少突破與轉變的潛能。健康方面,需留意消化系統、血糖、血脂的問題,養生是今年的重點。

★**愛情運勢**:感情波折多,分合局面讓你時常牛脾氣發作,將不愉快的過去切割清楚,反而閃孕或閃婚機率高。

★**財運運勢**:今年財運平穩,踏實賺錢、開銷節制下,能累積不少財富,另外因應對市場嗅覺靈敏頗為豐收,貴人會為你帶來偏財契機。

★**幸運顏色**:米色、卡其色

★**幸運數字**:3、9

　　金牛座裡在 2018 最具創造力且多才多藝又重義氣的人格特質中，莫過於靈數【1、6、9】的人，尤其從事娛樂、公關、銷售、電商、餐飲、業務性質等領域，因為負責任，一肩攬起許多責任壓力，時常加班、耗費心力。看似順遂卻充滿艱辛與磨難，你當無畏無懼、只須執守正道，宜採保守觀望的姿態，切勿衝動發動攻勢，就能渡過沉浮不定的時運。今年財運很不錯，若能適時發揮你的足智多謀、善於攻略，就能以穩紮穩打的步調，拓展頗具潛力的未來產業。上半年運勢起伏不定，若時運不如預期，切記：暫且忍耐靜待良機，務必謙卑增強實力而非爆衝，下半年會越趨穩定。你凡事精打計算，也很懂得多方開源，本年度絕對是名利雙收的好時機。心存凌雲壯志又獨具慧眼、對市場及金錢的嗅覺特別敏銳，所到之處都見賺錢的好機會。免不了勞碌奔波，或到異地出差，但運勢利遠不利近，差旅獲利機率高，將出現與你密切相關的女性貴人，在你最尷尬難奈的絕望之際，攜帶著關鍵文件或合約，關鍵時刻直奔救援，好運衝著你來，成功推進入門得分，切記度量越是寬宏越能掌大權。

　　單身者有望脫單，有伴者需將戀愛對象轉為職場貴人。流水若無情，愛得狼狽不如放過自己，反而成就四顆心的幸福甜蜜。建議調整心直口快的個性，多付出、同理對方感受；放下過往的風風雨雨，靜心檢視彼此的問題，即可共度難關、比翼雙飛。若欲求姻緣或求子的人，越近秋來結佳果。即使心中有滿腹委屈也千萬別沮喪，只要放下怨懟，從中獲得更多人生智慧，一切都會雨過天晴。健康方面，因過度使用外食，加上水分補充不夠，都很容易引起有關腎臟及泌尿系統的狀況。

　　最細膩的公關人才，最能言善道的演說人才，2018 年直覺、靈感力最強的代表，莫過於金牛搭配到靈數【2、5、7】的人了。總是單打獨鬥習慣的你們，要懂得靜觀其變，今年是適合打團隊戰的年度，整場戰役中你必須站在主動的黃金位置上，各行各業瞬息間都在轉變，你總感覺受困於環境，對現狀感到無奈，所以渴望掙脫責任枷鎖，想要徹底轉型，例如轉職、調換單位、換工作、挑戰新任務等。環境是非紛擾多，切莫怨天尤人，請咬緊牙根，正財須在專精領域中勤奮向上，著眼大格局，力圖東山再起， 破財機率高，但廣結善緣的你，懂得善用身邊的人脈資源，所到之處皆得貴人庇護及友人扶持相助，但須要注意『君子淡如水，歲久情越真。小人口如蜜，轉眼如仇人』，留意那些對你畫大餅又阿諛諂媚的虛偽朋友，面對挖角跳槽的機遇或投資理財的評估，須理性判斷。偶爾對身邊人及團隊施予小惠，利於財運揚升。

　　單身者多綻放親和力與幽默感，容易轉角遇到愛，閃戀、閃婚、閃孕機率高。有伴者適合求婚，有一些人愛得很孤獨，渴望靈魂伴侶，又捨不得放手，切記『懂得放手，就是成長』，婚談時在溝通上容易發生爭執衝突，真心相伴也要記得溫柔傾聽。多注意適時紓壓，避免因心情抑鬱所產生的心因性疾病，身心靈平衡是最大的保健品，建議可以透過按摩釋放負面能量。

　　懂藝術、無心機,在金牛裡面最腳踏實地、重視規律的人,莫過於靈數【3、4、8】的人了,2018 年好事多磨,有一種命運掌握在他人手中的失落,儘管按照計畫,以不損害任何人的利益為原則,適合保守理財、多熱心公益,不適合短線操作投資,可深入學習理財之道。雖然你為人耿直又負責,但性格剛強、作風強硬、容易心高氣傲,較無法接納別人的意見,容易遇到阻礙。掌握周詳計畫、突破難關,保持衝勁十足,最終將為你帶來名利雙收的佳境。如未遇見可以幫助你的人,就自己當自己的貴人,請回歸初心,走出象牙塔,你對人真心相待,將發現人間處處有溫情。平常多熱心公益、關懷社會弱勢,付出慈愛的能量不僅回饋到你的人脈、事業,更能提昇感情運勢。

　　單身者社交場合人氣旺,讓你心動的對象將甜蜜來襲。有伴者,過硬的脾氣須調整,缺乏安全感的親密關係會造成彼此壓力,有些緣分若真不適合就不要勉強湊和,愛要愛得愉快,事業繁忙之餘,也要積極主動製造浪漫讓感情增溫。有些情緣未了藕斷絲連的跡象,剪不斷,理還亂。今年也請多留意內分泌系統、心腎方面問題。

雙子座
Gemini × 外靈數 1 ～ 9
5 月 21 日～ 6 月 21 日

GEMINI

2018 年整體運勢

　　對雙子座來說，今年即將站上你所夢寐以求的舞台，也是適合重建人際關係的年度。尤其是在心靈部分，會歷經一番沉潛，時時自我提昇，激發自信與創意，從你的日常開始重整，定能理出頭緒。你不怕凋殘的花叢，也不怕枯萎的枝條，別過度在意輿論紛擾，你的生命將有所伸展，發揮你的本領，即刻重生。健康方面須留意過勞引起的隱疾或舊疾復發，免疫系統須特別關注。

★**事業運勢**：過去累積的好人脈，今年都將成為職場上的幸運資源，過濾不切實際的苛求，維持穩健踏實的步調，你的影響力將日以俱增。

★**愛情運勢**：渴望穩定的感情關係，桃花運也十分旺盛，新戀情發展有望，避免複雜戀情。

★**財運運勢**：財運波折大，宜保守理財，過去所殘留的財務問題務必謹慎處理，避免影響了感情關係。

★**幸運顏色**：軍綠色、鵝黃色

★**幸運數字**：7

　　雙子座裡面執行力強、擁有強大的戰鬥力與開創力的，莫過於是外靈數【1、2、7】的人了，如果 2017 下半年度，在金錢或事業合夥上，有做好資金處理與合夥事業的切割， 2018 年就會帶你揮別階段性的任務，迎向新的局面、新的安排，例如創業、調到新單位等，為事業生命週期帶來新希望。做事衝勁十足的你，在事業上，今年也能展現出與眾不同的才華，特別擅長行銷組合，能開創出無限的可能，創造屬於自己的獨特性。記得不能率性而為，不能有勇無謀，一定要做好規劃，按部就班去執行。本年度會有很多在異地忙碌、努力的機會，特別是創業，會有不錯的發展。以整體運勢來說，一定要志氣堅定、越挫越勇，即使有貴人的相助，很多時候仍是萬事俱備，只欠東風，建議廣結良緣，拿出本身就有的魅力，便大有可為。記得，2018年的重點就在於如何與人建立良善的連結。

　　因為你的執行力很強，穩定度也很高，可成為組織穩固精進的推手，這也是本年度的重點。不過，相對的會影響到家庭及婚姻，畢竟孩子的牽絆會讓你內心產生動搖，必須取得平衡點，感情上容易失和或無法再續前緣，可說是備受考驗。如果拿孩子和婚姻的重要性來相比，你也會偏向重視孩子的養育與發展。若是單身的人，則是緣分尚未到來，雖然有機會談戀愛，未必會遇到適合的人，建議慎選對象；已有對象的人，感情基礎可能會出現變化。心情起起伏伏，常常弄得自己哭笑不得，在精神方面需要多留意，幸運的是～有機會揮別去年產生的病痛。

　　說到雙子座說話技巧及善於運用團隊結合的組合，莫過於外靈數【5、6、8】的朋友了。靠口才吃飯，這可是令人稱羨的天生才能，在今年有更多展現口才的機會，靈感力也很不錯，會有神來一筆的創意，讓工作一拍定案；今年是連結事業資源的好時機，不但能拓展人脈，也能掌握很多賺錢商機；只要活用人脈，結合團隊模式，便能從中摸索出自己的生存之道，在事業與名利方面就能有不錯的成果。另外，在事業營運方面，要多注意溝通問題，這是今年很大的考驗。例如，因傳話錯誤扭曲事實，就可能造成虧損。建議凡事親力親為，充分掌握細節，以免被自己的親信背叛；也不要為了名利、權欲，出賣自己的人格。值得慶幸的是，這組外靈數的搭配，貴人運極佳，會得到貴人許多幫助，而樹大招風的事情，只要記得低調，就能避開小人。

　　整體來說，今年運勢趨於穩定。在戀愛方面，緣分還不是很穩定，有機會但多變化，若能減少心中的猜疑和顧慮，仍有可能遇到真命男神或女神。切記，不要三心二意及過於善變。已婚的人容易和另一半起爭執；有另一半的人則容易堅持己見，而傷害到對方，不妨多傾聽對方，感受對方的好。在職場上會有不少談戀愛的機會，但要慎選對象，才能避免被騙而受到傷害。要注意自身健康，對小病小患也不要疏忽大意，尤其是心臟、眼疾的問題。

　　雙子座加上外靈數【3、4、9】的你，今年是學習溝通表達，及承擔責任的一年。自信心不足的你，會顧慮太多而躊躇不定，你必須試著扛起、學習每個階段該負的責任，面對層層關卡，你才能迎接接下來的挑戰，提升自己組織事物的能力。家業也是今年的課題，你會為了家庭或孩子忍耐，也因此歷練出人生的智慧。只要好好珍惜每個工作歷練的時機，每個挑戰都是拓展自我的機會，若能為未來事業建立穩固基礎，從海外成功歸來也不無可能。職場上還要注意，避免意氣用事，造成決策錯誤。

　　2018 是靈感力充沛的一年，但也可能因生性敏感多疑而錯失機會。雖然你極為聰明機智，有時適時的自我突破，也許會帶來意想不到的結果。在開創事業上，一定要對自己有自信，運氣才會站在你這邊。今年你和水很有緣分，幸運方位在東北方，很多一開始擔憂徒勞無功的事情，只要抱持順其自然的心態，最終都能水到渠成。記得，只要是自己想擁有的事物，就要努力去爭取和打拚。以金錢運來說要堅持自己的信念。當你擁有充足的財富時，一定要樂於行善，即使金錢上較無餘裕，也可以多說好話、幫助他人就是最簡單的行善方式；或是帶小朋友參訪育幼院及弱勢團體，培養下一代的愛心教育。如此，金錢運不但能越來越穩定，也能培養光明的心地。

　　在感情方面，社交生活和職場上會出現戀愛對象，雖然緣分薄弱，但只要能顧好家庭，機會自然到來。有對象的人，注意自己愛說教的個性容易令感情失和，溝通不良、無法建立共識。此外，三心二意也是雙子的致命傷，會因此錯失大好機會。但若是有想結婚的人，今年很有機會步入禮堂。心肺系統運作的效率會直接影響運動表現，呼吸系統和心血管系統要多留意。

巨蟹座

Cancer × 外靈數 1 ～ 9

6 月 22 日～ 7 月 22 日

2018 年整體運勢

　　對巨蟹座來說，將揮別去年的不安及面對生活變遷的恐懼，今年將突破瓶頸，尋得規律的脈絡，持續建立安穩的堡壘。土星入伴侶 / 合夥宮，過往巨蟹容易因為情緒過度敏感，而產生人際衝突與糾紛，今年開始慢慢走向和諧，從極端中去尋找自己，嚐過了煎熬的苦，終將能體認到成功的甜，這場修煉之旅，對巨蟹來說是一件很棒的挑戰。

★**事業運勢**：你的專業逐漸產生了辨識度，也會時常站上舞台表演，請釋放
　　　　　　緊張與壓力，你的魅力風格將會風靡全場，獲得更多工作的機
　　　　　　會，另外須避免過勞。

★**愛情運勢**：木星眷顧著戀愛 / 子女宮，對戀愛滿滿的憧憬，有想愛的渴望，
　　　　　　今年的感情故事十分精采。

★**財運運勢**：很容易享有金錢上的好運，須留意收支平衡是關鍵，會增加不
　　　　　　少進修、自我提昇或事業方面的投資。

★**幸運顏色**：象牙色、黑色

★**幸運數字**：1、9

　　要說到巨蟹座內心最具孤獨感，不喜歡與人有太多交流，又充滿孩子氣的就屬外靈數【1、3、9】組合。想法經常過於天真的巨蟹，今年不得不在群體生活中歷練、培養自己的社交手腕，雖然有很多不得不受的委屈，但這對你來說都是一種學習。2018 年開始接觸到團隊合作，學習與他人互動，雖然一開始拿捏得不太好，若是能試著保持原本的天真與好奇心，不要太過任性，就能迎刃而解。倘若你的工作剛好與身心靈或教育相關，重視自我保護與精神生活，也漸漸能跳脫原本的思維，掌握彼此連結的重點，了解溝通的意義與價值，這是今年值得嘉許之處。今年要避免過度張揚，很可能會招來麻煩；你也可能因為過於保守、不知如何突破困境而焦慮，切記，勇於創造，將為你帶來新的力量。

　　計畫趕不上變化，這些都是常常發生的事，只要保持彈性、變通性，發揮巨蟹的實力，就能有強大的行動力，也可以充分展現你的韌性、以及實現夢想的能力。有時候吃虧就是占便宜，不要太過去計較得失，而是要往前看，朝下個階段出發；今年就是你建立里程碑的好時機。在感情運方面，你很需要愛的能量來滋養自己。單身的人，會渴望邱彼特射出那愛神的箭；已經論及婚嫁的人，在今年是有機會步入禮當。在健康方面，需多注意腸胃所引起的失眠問題。

　　與巨蟹座一起冒險、突破，調整出好能量的外靈數組合，非【2、6、8】莫屬了。今年靈感力非常強大。而這靈數組合的人很有文學造詣，更是個企劃好手，無論在氣質或才華上，一直頗受朋友欣賞。2018 年會整個動起來，有很多出其不意的想法，無論是外表上的改變、新奇事物的追求，對你來說都是很棒的。今年的發展頗具廣泛性，會接觸到許多不同領域的人，學習很多不同的事，這是在考驗你的穩定度。若能掌握了發動攻勢的主動性，全身上下都散發出魅力，言語頗具影響力，不像以前，碎碎念的你會令人想逃跑。這方面的表現也幫助你建立人際關係的連結與交流，在經營關係的同時展現親和力。越是展現你的魅力，就越能在本年度發光發熱。不過，你仍然有想法固執不易改變、戰鬥力強卻也懶散的問題存在。

　　不需要擔心表現無法被大家看到，因為接下來你是要邁向大格局的，也有機會出國接觸不同領域的人事物。有些巨蟹可能想要轉職或改變，但自己會產生一些拉扯與分裂的想法，不妨傾聽周遭朋友的建議，反而能讓你突破小人的包圍，增加更多貴人與朋友。巨蟹是一個比較不懂得求救的星座，要避免把問題攬在身上，雖然你的本意是為了幫助他人，最後反而會失去更多。在感情運方面，如果不要想去控制對方、也不要太過霸道，今年戀愛運算是滿旺的，有很多機會。結婚運沒有戀愛運好，如果能放下身段與自尊心，感情的發展就會比想像中順利。可能因為你渴望擁有家庭與感情寄託，所以你很願意改變自己，成為更適合對方的人。今年要記得適當的運動，會讓氣血更流暢，但要注意不要因過度或不當的運動，而導致關節退化的問題發生。

　　巨蟹座要加上霸氣固執，不懂變通又愛耍活潑的，我會給外靈數【4、5、7】的你。在 2017、2018 這兩年，你的運勢有較多起伏，雖然你很有野心與想法，但你也會開始挑剔自己及親密的家人，既囉唆又吹毛求疵，卻無法解決問題。建議檢視你的事業體質，看看個人與團隊可以如何提升執行力；或是檢視家庭入不敷出的問題出在哪裡？這樣的檢視是很有幫助的，在對的地方「挑剔」，才能有效解決問題，並展現你的氣度與魄力。很多的想法及創意，會讓你今年過得非常快樂，心境上保持活潑開朗，像變色龍一樣有著強大的適應力，能學習完成事業的願景，可能在親子或心靈產業有不錯的發展，甚至可以進軍海外，讓自己被世界看見。提到以往最霸氣、固執，最不知變通的你，今年是多變化、充滿變動性的一年，無論是環境或人事的變化，都讓你體會到人生無常，甚至有些心浮氣躁，一片落葉也可能觸動你的哀傷。而這也讓你從中領悟一些道理，就是充滿波折的困難之中，其實潛藏了很多機會，壞運或好運只在你一念之間。

　　今年可能會出現不同以往的狀況，例如更換團隊或作戰策略、開啟從未合作過的可能性等等，所以你決策的判斷力要夠強，要拿出你的主見與直覺力，聰明地去分析，以免落入小人的圈套。在感情方面，也是好事多磨，會覺得與另一半的口角變多，有一些紛爭、或害怕定下來的恐懼，你還有很多想做的事需要對方支持，或是對這段關係感到失望，覺得是非太多、太過疲憊而渴望歇息；會覺得聚少離多，今年你以事業為重，雖然很期待戀情，但如果會帶來委屈、傷害與爭執，你可能會選擇放棄。

獅子座

Leo × 外靈數 1 ～ 9

7 月 23 日～ 8 月 22 日

LEO

2018 年整體運勢

　　2018 年，每個星座都會走上他的軌道，與自己連結，對獅子座來說，今年是渴望安定的年度，大環境上充斥著挑戰安全感的不確定因素，獅子的野心仍在，生活始終忙碌，一心追求保守與安定的目標，持續發揮你的美麗與賢慧，稀釋言語暗箭的侵襲，你的專業同樣引人注目。

★**事業運勢**：適合重新規劃，有利發展業務或提昇領導才能，土星影響工作宮位，工作量及職場人際壓力極大，在在挑戰你的負荷，逼迫著自己必須有所轉變。

★**愛情運勢**：在事業與家庭方面，今年會有比較多的挑戰與拉扯，考驗彼此關係。單身者，正桃花有望出現。

★**財運運勢**：木星入家庭宮，購屋置產運勢旺，投資機會增多，可能遭受突如其來的轉變或損失，一切須謹慎評估，以保守理財為主，莫讓家庭關係也受阻礙。

★**幸運顏色**：琥珀色、天藍色

★**幸運數字**：3、5

　　獅子座搭配到外靈數【1、3、6】組合的你，今年的運勢趨於穩定，也有許多機會出現，是吸收新知、靈感力大增的一年，不僅大環境是你的助力，也會有許多貴人出現。你的人緣與戀愛運原本就不錯，本年度有望將人脈拓展得更廣，也有機會受到主管的青睞，可能升職或扛下更多的責任與工作量。2018 年許多潛意識的訊息浮現，思考未來發展的靈感。不過，有些人際關係上的狀況會讓你猶豫不決，想與他人合作、又想獨立；而周遭的流言蜚語，也會令你感覺十分疲倦。會受到許多壓力與外在因素的影響，所以你一定要提升自信，不去在意他人的評價，專注思考自己要的到底是什麼？下個階段是否需要轉型？今年的發展讓你覺得比較有安全感，因此無論在事業或感情方面，都渴望能邁入下一個階段，想要成家立業、甚至養兒育女；你覺得過去已經付出許多心力及辛苦去開創經營，與情人也享受了足夠多的浪漫，現在該是時候告一段落、進行下一步了。

　　今年在人際方面充滿魅力，但要避免與利益相關的夥伴發展情感關係，兩人會難以契合，或難以主導，容易令你心中產生其他想法。而某些獅子座的感情運並不是很順遂，已婚的人會因承擔太多責任而感到疲累，想好好休息，想重新開創屬於自己的人生。要特別注意消化不良、胃酸過多所引起的胃脹氣等問題。

　　獅子座搭上外靈數【2、4、5】的組合，今年比較辛苦，為了擴展事業版圖而付出，馬不停蹄地到處遊說，以至於沒有時間休息。在如此勞心勞力、疲累的影響下，有時可能會讓你萌生放棄的念頭，這個組合的人非常聰明，是獅子中有邏輯力、具組織能力的人，本年度開始有重責大任擔在肩上，雖然工作量比以往沉重，卻也是大顯身手的機會；你可能擔心專業度無法勝任，但想得太多還不如發揮你的執行力一試。本身就極具野心的獅子座，記得拉高視野來俯瞰世界，就能開創出更大格局。

　　喜歡把責任攬在身上的你，今年也有許多團隊合作的機會，讓你對所屬團隊的實力另眼相看，開始願意把責任下放，而不是獨力作戰、累死自己。今年也要注意小人的算計，其實早已有人在一旁虎視眈眈，最好預先防範，避免貴重物品或商業機密被竊取，或是在關鍵時刻有人從中作梗、或有意外事件介入，導致徒勞無功。獅子今年有不少令人不適的變動，容易讓你產生負面情緒。2018 年不宜衝動，雖然驛馬星動，為你帶來很多的機會，加上你一直想擴展業務和人脈，但今年最好保守一點，求穩定中發展。

　　感情方面起伏稍大，經常出現爭執或風波。如果是已分開的伴侶，可能較難復合。但今年的你對事情有不同以往的看法，會想嘗試與不同類型的對象交往，喜歡的類型有所改變。今年可能會一直有胸前區疼痛、肩膀痛，或者咽喉不適的問題，要多加留意。

　　獅子座如果遇上了外靈數【7、8、9】的組合，2018年有些辛苦、勞心勞力、是要為大小事情操心煩惱的一年；雖然吃力不討好，但與其抱怨，不如任勞任怨、從中學習經驗。因為做或不做，要團隊合作或獨自執行，一切都取決於你自己的選擇。也要小心因個性過於衝動，而破壞了原先建立好的狀態，或在事業上產生衝突與對立；不過，有分裂就有結合，記得從這些挑戰中學習智慧，就是今年最棒的收穫。今年有國際性的機會出現，雖然你很有想法，也不乏表現的機會，但你的態度較為保守謹慎，會擔心自己投資錯誤或決策錯誤，在自信部分稍顯不足。偏財運尚可；在藝術、教育、幼兒、金融等領域特別加分。但要記得，成功不能只靠好運氣，學習與自我提升才是根本的必要之道，一定要腳踏實地去執行。你可能會成為仲介者、介紹者，或是談判的中間人等等，會遇見隱性的女性貴人，而獲得許多發展的機會。不過，要特別注意執行力是否足夠，坐而言不如起而行，不要只是空想，拿出積極的力道，才能把想法轉化成行動力。創業不僅是靠自己的力量，也要靠努力奮鬥，貴人只是助攻而已。

　　感情方面有一些變化與波折，覺得與另一半之間稍嫌平淡，兩人變得豪無交集、各忙各的，不妨多創造約會的機會，才能讓感情不受到其他漣漪的影響。若彼此都想步入家庭，可以和對方好好談談，雖然紛爭比較多，但仍有機會圓滿。職場上的表現引來很多人追求，是對你有幫助或讓你有機會破鏡重圓及另尋理想對象。頭脹痛的問題，會影響工作、學習和生活，有時候與精神情緒因素也有關，試著在太陽穴、位於耳廓前面、前額兩側、外眼角延長線上方的一個穴位做些按摩，有益舒緩。

處女座
Virgo × 外靈數 1 ～ 9
8 月 23 日～ 9 月 22 日

2018 年整體運勢

　　對於處女座來說，將告別去年的動盪不安，今年是註定職場得意且如魚得水，木星眷顧著兄弟宮，為你的旅行、海外出差或學習帶來幸運能量，你的所求終有望，也享有升官及承擔重責大任的好運。健康方面，一向重視養生及規律的你，需留意細胞發炎產生的急症病狀。

★**事業運勢**：面對無法解決的困境或停滯不前的狀態時，不妨試著擴大視野，用單純簡單的角度，跳脫原本的思維，就能激發出更多的創意，該如何樂觀地完成夢想，也是今年的重點任務。

★**愛情運勢**：土星位於戀愛／子女宮，感情方面的確會比較辛苦，處女座本來就是服務型的好情人，記得在處理問題時，切勿迷失在過多的細節裡，也不要吹毛求疵。

★**財運運勢**：憑藉著你的努力去尋求賺錢的門道，掌握理財的契機，留意大筆進出的資金，避免借貸往來。

★**幸運顏色**：金色、銀色

★**幸運數字**：4、6

　　處女座中靈巧敏捷，極富聰明才智所搭配的組合，就是外靈數【1、6、7】了。因為擁有很強的領導力。在 2018 年，有很多發展的機會，前途不可限量。或許有時候，你會覺得自己不受上天眷顧，好運來得很慢，甚至有時運不濟的情況。2018 雖然有很多合作與成長學習的機會，但同時也會有很多自相矛盾的想法產生，使你裹足不前、猶豫不決。其實你是一個非常有衝勁的人，一直很積極努力，執行力也很強，並且勇於追求全新的願景。在未來的事業、家庭、感情等各方面，甚至早已做好構思與安排，無需因為內心的恐懼或防衛心較強，而錯失良機。個性強硬、不服輸，骨子裡認為不需要依靠他人，所以有時候比較自以為是。這也許不是一件壞事，可以為你帶來更多領導與獨立、創新的機會，不過隨之而來的考驗是，你可能會付出很多、犧牲很多，開始雞蛋裡挑骨頭，錯失好運。

　　由於婚姻的緣分，讓你今年很渴望穩定下來，也願意承諾對方，只是挫折、風波會較多，因此紛爭而致使感情分裂、各自紛飛的狀態，這點要特別注意。

　　而單身的你渴望擁有心靈契合的靈魂伴侶，很容易太過憧憬美好的戀愛，因此陷入一段不甚順遂的感情之中。記得，不要過分樂觀或天真，對方可能並不了解你，變數非常多。今年在健康上要多多注意牙齒的保健。

　　處女座加上外靈數組合【2、3、8】的你，雖然整體運勢不錯，但注意在投資理財上不要貿然行事，要有守財的觀念，也要提防花言巧語的朋友，因為那往往就是你工作上的小人。很多的困境都是源自於自己的想法，只要堅定信念，事情自然都能收成。你具備專業知識的商業頭腦，充滿野心、領導性與權威，觀察敏銳、心智堅定，喜歡挑戰不可能的任務，本年度人脈、舞台樣樣俱全，請好好把握機會，並且虛心學習。懂得分享才能擁有更多，不要急躁地想快速發展。今年你特別容易失去耐性，情緒上的浮躁與不安全感會不斷困擾你。其實，問題的根源就在於你的人際關係，還有自己挑剔、沒耐心的個性，記得要保持親和力，多多發揮你能言善道、善於與人相處的特質，別讓辛苦搭建的舞台，因為一時的衝動而崩塌。行動敏捷、個性大剌剌，人緣好也有責任感。今年對處女座來說，是個承擔重責大任、穩定發展的一年，你會獲得很多歷練，迎接更多的挑戰，在衝突與對立中，邁向下一個流年。

　　在開拓人脈上，發揮正義感將使你魅力提升；凡事謹言慎行，但該下判斷與承諾的時候，就要勇敢去執行。如果真的沒有把握，也不要太過勉強。雖然你自命不凡，覺得自己與眾不同，也喜歡過著無憂無慮的生活，但憂患很難完全避免，因此你多半會先苦後甘。在感情部分，有交往對象的人，你渴望被需要的感覺，不妨用你細膩的情感去感受雙方的立場，觀察彼此的相處，若能好好規劃，關係就能在明年趨於穩定。要注意的是，今年會出現較多的變化，所謂「有意種花花不發，無心插柳柳成蔭」，當你保持平常心，反而會有出乎意料的發展。

　　處女座搭上外靈數【4、5、9】的組合，今年運勢波動較大，在感情、家庭、家業方面並不順遂；你的組織能力、邏輯力，以及安全感，也將面臨新的考驗。切記，做事要紮實，不要流於表面，所謂「鐵杵磨成繡花針」，凡事不能眼光短淺只看到近利，一定要深謀遠慮、謹慎執行，並持之以恆。只要你用心去經營，人生就會如魚得水。今年你的想法、計畫源源不絕，在靈感的催促下顯得衝勁十足，別太過懶散就好。整體來說，今年會有一些表現，加上處女最具執行力與效率，只要勇往直前，不要太過拖延或鑽牛角尖，便能開創佳績。有好的機運，千萬不要錯失良機。「清泉絕無一塵染，長松自是拔俗姿」，雖然時運能助你一開始事事順利、財運亨通，但緊接而來的憂患與挑戰，才是真正考驗人的開始。若能通過歷練，便會漸入佳境。今年有許多開創財富的契機，可能是客戶案件增加，或是有機會入股、投資團隊等等，有許多歷練的機會。

　　感情部分不太穩定，有些起伏，緣分與穩定是你需要多學習的課題。有對象的人，與另一半的關係走入倦怠期，讓你感到平淡沉悶，想一些尋求新鮮感和刺激，應及早確認身邊的人是不是自己想要的對象，也不要因此製造出太過複雜的感情關係。在健康上要特別注意用腦過度、因長期的情緒緊繃和精神壓力，導致腦內神經活動的機能出現的失調。

天秤座
Libra × 外靈數 1 ～ 9
9 月 23 日～ 10 月 23 日

LIBRA

2018 年整體運勢

　　對於天秤座來說，木星進駐財帛宮，你與金錢關係產生了良好的互動，去年木星入命宮，讓你舉手投足間都閃閃動人，累積了不少漂亮的人脈存摺。今年的你趨於務實，深闇『你不理財，財就不理你』的真理，開始深入研究該如何運用人脈資源，開創你渴求的穩定局面。

★**事業運勢**：挑戰及磨難多，承擔責任也重大，維持平穩的步調，不讓不安定的局面亂了陣腳，今年你能享有貴人好運，許多差了臨門一腳的困境，最終會出現貴人神助，讓事情圓滿落幕。

★**愛情運勢**：土星位於家庭宮，將專注在家庭關係或房子方面的課題。單身者仍有心動的桃花出現，有伴侶者將面臨聚少離多的問題。

★**財運運勢**：正財方面，你會發現長期耕耘的努力，只要以毅力堅持不懈，終能獲得所報。過去金錢的隱憂也逐漸削弱，反而工作機會增多開始挑戰你的健康元氣，需要加倍保養才能負荷。

★**幸運顏色**：巧克力色、紫色

★**幸運數字**：2、5

　　天秤座搭配外靈數【1、4、8】的你，今年會有外放與內收能量相互衝突的狀況。比如，你在大環境中看見很多機會，想要轉型、創造新的事業體，或開創新的想法，卻礙於自己保守又固執的思維，不容易接納別人的意見，因而錯失良機。其實你的能力是受到肯定的，因為這個靈數組合在天秤座中是邏輯、組織力最強的，只要虛懷若谷，多多與人交流合作，他人的想法與建議對你會有很大的幫助。這並不是一種迎合，而是學習接納，也是要練習你的包容度把自己的內心打開，才會發現人際關係越來越好，對事業發展及財運也有幫助。

　　你一定會有所牽絆，但不要杞人憂天、太過憂愁，無論是私生活的愛恨情仇或職場上的勾心鬥角，都要讓自己慢慢解脫放下，否則許多事都會感覺功敗垂成，這樣非常可惜。今年會有一些開創的機會，內心也會遇到不少挑戰，屬於被動性的牽引，但仍然有助於你的事業發展，幫助你找到自己的舞台。雖然過程波折多，讓你有點猶豫，覺得成敗無法掌握在自己手中，即使你覺得心很疲累、付出很多，但請相信一切都是值得的，因為你將為自己奠定很棒的基礎。

　　本年度主要的課題在家庭、感情與人際關係，會有很多預料之外的狀況發生，也有很多不順利的事，而令你感覺孤單，但這種缺乏安全感的挑戰，就是你要去克服的課題。2018 會有想與另一半共度白首的念頭，覺得交往多年是該定下來了。單身的也會以結婚為前提尋找對象。如果是感情不和睦的伴侶，會認為彼此觀念落差頗大，不如最初交往時能同理對方，狀態分分合合。在健康上要避免因久坐、骨盆前傾，姿勢不良所造成的腰部肌肉緊繃。

　　天秤座搭配外靈數【2、3、6】的你，今年會與金錢展開搏鬥，必須像阿信一樣任勞任怨，面對權力、金錢、事業與領導的課題。不怕辛苦也不服輸的你，很願意從無到有的經營自己，也不怕白手起家；所幸事業在本年度已經到了開花的階段，有很多洽談、推展業務的機會，能藉機拓展社交圈與朋友圈，團隊合作的機會也不少，記得要理性做判斷。天秤聰明且心思細膩，懂得散發自己的魅力，很多時候有些人會對你抱持疑慮，覺得你表裡不一、頗具心機，與外在表現有落差。你是個懶惰並渴望慵懶放鬆生活的人，卻礙於現實，不得不去闖蕩與衝刺。其實，拿出衝勁的你，絕對是百分百的戰將。

　　今年會有很多是非出現，要注意性格上的問題。悲天憫人的你，會因為想要幫助周遭的朋友，讓自己站到救世主的位置，無形中使自己受到拖累。有時候，明明你的心是慈愛的，可是心直口快的個性，容易被誤會你是有心機的在道人是非，因而遭人怨懟。雖然有很多兩難的狀況讓你覺得事與願違，或者受到人際是非的困擾，這都是因為社交變多的關係，注意不要有太多利益上的牽扯，避免遇到不真誠的人，產生問題。

　　在感情部分，與另一半之間關係淡然，若有似無。單身的人可能認識新的對象，或有新戀情開始。有對象的人，記得保持好脾氣與情緒，學習溝通協調，不要自以為是。單身的人有邂逅的機會，也想要主動出擊、尋找新感情刺激的對象，當然你也渴望遇到靈魂伴侶，因為對你來說，感情熱度與心靈契合是很重要的。

　　天秤座搭配外靈數【5、7、9】的你，今年靈感力非常充足，文思泉湧，很多想法與寫作靈感一直湧出。在社交應酬上可能會花費較多金錢，記得量入為出。有投資計畫的人，會為了開發、執行等事有所犧牲，也必須注意金錢借貸方面的事。你可能會扮演一個仲介、經紀的角色，這也是讓你自己從此岸擺渡到彼岸的機會。一旦有心要創業經營，就一定要細心謀慮、辛勤付出，才能有所收穫；如果能力與成果已經成熟，那就要好好接收發揮，否則會感覺彷彿孤舟航行巨浪之中，得歷經重重艱難才能抵達目的地。

　　今年你內心會感到比較疲累，有些職業倦怠，但不是壞事，代表你沉潛之後又會再重新出發。大環境已經有很多機會蠢蠢欲動，就是在告訴你怎麼做可以更好，你也會面臨很多的新挑戰，或許是新的單位、新的工作，甚至感情上回歸單身都有可能。因為工作的關係，可能會讓你產生一些情緒的波動，是非衝突，小人也比較多，應多加小心與人產生對立，或受到流言蜚語的影響。感情部分，單身的人建議寧缺勿濫，不妨開始調整心態，思考自己適合什麼樣的人？想要的情感對象是何種條件？必須先考慮清楚。所有的事情都要避免樹大招風，越得意時就要越低調謹慎，這樣運勢才會更旺盛。有伴的人會想開始在外貌與身材上做一些改變，但要注意避免不小心對另一半發脾氣，或是說出過於衝動的話，而傷害了彼此間的情感。

天蠍座
Scorpio × 外靈數 1 ~ 9
10 月 24 日～ 11 月 21 日

SCORPIUS

2018 年整體運勢

　　去年 10 月木星離開天秤座進入了天蠍座，2017 是天秤座當家，2018 年就是天蠍的天下了。因此，天蠍座今年是時來運轉的一年，將一掃過往的不舒心，敢於表達自我，有勇氣挑戰你不熟悉的領域，隱藏的野心蠢蠢欲動，火力全開下，將殺出一條獨特風格的血路，各方面的運勢都將止跌回升。土星位於兄弟宮，言談間散發了幽默與魅力，同時也考驗著人際與合作關係，而強大的信念，將為你帶來喜悅的豐盛。

★**事業運勢**：工作順利，左右逢源，無論對上的協調或對下的溝通布達，展現了無與倫比的領導魅力，有望順利升職及加薪。

★**愛情運勢**：桃花朵朵綻放，不斷召喚你的青睞，有伴侶者將願意調整彼此共處的步伐與模式，有助提昇關係。

★**財運運勢**：正積極尋求改善財務狀況的方法，擁有學習理財的熱忱，對投資市場小試身手，都將獲得不錯的經驗，也有助於財運上揚。

★**幸運顏色**：黃色、棕色

★**幸運數字**：2、7

　　天蠍座搭配外靈數【1、2、3】的你，2018 年在事業上可謂火力全開，會花費許多時間在工作的經營，箇中辛苦不言而喻，所幸一切會漸入佳境。為了事業，你在感情與家庭上必須有所取捨，可能無法騰出手來兼顧。雖然會覺得付出和回報不成正比，心中也有不少怨氣，但這是一種增加智慧及經驗的磨練。只要切記，避免將不屬於你的責任承攬上身，不然會累死自己。今年的人際關係十分活絡，能結交很多朋友、拓展人脈，也會得到很多的光環，宛如眾星拱月。你很想經營好每一段關係，請記得不要有太多利益上的牽扯，更不要涉及感情，已婚的人絕對要注意這點。由於貴人運旺盛，交際應酬頻繁，花費大增。投資時應避免憑感覺行事，任意妄為或缺乏思慮，必須理性判斷；或是只依自己的喜好行事，過於樂觀、追求虛榮，投入不該投入的事業。

　　本年度也比較會開始付出、服務，願意不求回報，全心全意幫助他人，當你越秉持無私大愛、不計回饋的態度，越能獲得更多的成功與回饋。擁有這樣的天分並不容易，你也會因此承擔很多他人的問題。在感情方面，單身者適合主動出擊，因為有緣千里來相會，一切就會很順利。有對象的人反而不太順遂，可能會與伴侶分隔兩地，或有心意不合的狀況，令你有孤獨的感覺。在健康上，睡眠要充足，試著放鬆心情，因為心理上的緊張與煩躁會讓油脂分泌增加，容易長青春痘。

　　天蠍座搭配外靈數【4、8、9】的你，以往較為固執保守，喜歡窩在自己的世界做事，害怕無法掌握事情的失控感。今年的你有比較多與人合作的機會，有助於開拓人脈與人際關係，不妨多用點心去迎接挑戰，你從中獲得的經驗值，能讓你的事業有更好的發展。不過，隨著與人合作的機率增加，可能產生的衝突也會變多，這點要多加注意。

　　本年度學習力很不錯，會萌生放個長假去進修的念頭，身心靈相關或行銷企劃與經營相關的課程都能引起你的興趣。家運是今年的主要課題，你需要運用智慧來承擔很多照顧上的責任、經營關係。當然，也會有顧此失彼的狀況發生，但是大致上還能兼顧。在創業方面，一定要求新求變，保守固執的個性會限制發展的可能，應多加發揮你的毅力、實力、專業與條理，並在大方向、思維、創意上有所突破。對自己要求很高，其實很適合與他人合夥，人脈也會帶來成長跟學習的機會，只要記得放鬆心情，別太過疲累，才不至於影響你的執行力及靈感。

　　在感情方面，與交往對象有許多的難分難捨，但緣分天注定，不要有過多的猜疑或想法，也無須強求不屬於自己的事物。你渴望擁有一個能相互學習、彼此陪伴的心靈伴侶，但不要思慮過多而折磨自己，也不要因太想戀愛而過快投入情感。單身者切勿把友情、同情混為一談，或是為戀愛而戀愛，試著去拓展你的人脈或戀愛機會，不要進展太快，以免戀情稍縱即逝。要特別注意急性支氣管炎的問題。

　　天蠍座搭配外靈數【5、6、7】的你，今年是受到萬眾矚目、頗具挑戰性的燦爛年度。你有很多表現自己的機會，能盡情發揮在創意與溝通方面的能力，甚至因此加薪、升遷，或承接更多責任。本年度可謂豐足有成，由於你平常樂於行善，讓你有吉星高照、好運綿綿的感覺，即使遇到困難也有貴人出面幫助。在幼兒教育、理財與房產方面的運勢，都是十分有利的；記得只要廣結善緣，就能讓富貴長長久久。

　　然而，當你在突破自己、追求人生下個階段的願景時，你會發現仍有必須放棄與犧牲的事，或是不得不去面對人生的無常，你會因現實殘酷而感到沮喪，也會覺得承擔太重，這些事都讓你學習有所取捨。這在今年並不是一件壞事，不經一事不長一智，智慧就是在人與事之間磨練出來的。新的點子源源不絕，雖然要在一、兩年後才能帶來實質的財富，但請你保持充沛的想像力與創意，勇於追求夢想。天蠍5是絕佳的業務、行銷、廣告、傳媒人才，若能發揮求新求變、求知慾旺盛的性格，利用自己的理想與天賦，將會開創無限的商機。今年有很多出外闖蕩與創新的機會，要提醒你的是：別想太多，想太多反而會一事無成，坐而言不如起而行，一定要發揮自己的才華。請記得，上天會把資源給準備好的人，即使今年資源不足，但調整好自己的心態、有所準備是最重要的。

　　在感情方面，請多多接納對方的想法，放下自己的固執，有時你的自以為是、講話尖銳的用詞，反而會讓對方感受不到你的關懷與愛，想要離開。單身的人，魚與熊掌無法兼得，盡量避免遠距離戀情；有交往對象的人也不要因此出軌，三心二意。別再低頭滑手機了，你的眼睛需要多休息！

射手座

Sagittarius × 外靈數 1 ～ 9

11 月 22 日～ 12 月 21 日

SAGITTARIUS

2018 年整體運勢

　　對射手座來說，去年的是非與紛擾，讓熱愛自由的你備受束縛，完全乏力施展的無奈，而 2018 年木星進駐在潛意識宮，讓你深感內外交困、魔考重重，隨時都想洗牌重新來過，無論是在事業或金錢方面，都是你渴望提升的重點，今年很適合沉潛學習，重新定義自我的價值，以及追求自己偉大的夢想。

★**事業運勢**：職場上的不安寧，時常湧上莫名的心火，情緒影響了工作士氣，也容易招惹小人靠近。保持低調，適時卸責不屬於你的壓力，學習拒絕的藝術，深耕你的專業與硬實力。

★**愛情運勢**：桃花運很不錯，過往的你愛得頗自由，現在似乎受夠了現實的枷鎖，你的情感與事業和金錢，呈現了息息相關的訊號，就讓這一年的淨化洗禮，為下一階段的幸福，寫上完美的起點吧！

★**財運運勢**：賺錢野心十足，行動力也非常旺盛，開始著手規劃小額投資的演練。土星位於財帛宮，在飽受金錢壓力下，反轉了你的成長，激發理財的潛能。

★**幸運顏色**：紫羅蘭色、灰色

★**幸運數字**：3、6

　　射手座搭配外靈數【1、5、9】的你，在 2018 年運氣不錯，會有很多主動找上門、慕名而來的機會，請好好把握。你充滿想法、富有執行力，又有能言善道的好口才，今年會發展的很順利。過去你所累積的一些光環、魅力與人氣都在今年大爆發，形成一種宛如眾星拱月的感覺，不僅會有貴人給予許多幫助，在團隊合作上也能發揮出極強大的力量。只是，你需要多注意人際關係，雖然還是可以依賴團隊，但是遇到有關衝突與對立的溝通問題時，建議一定要小心處理。請記得，面對事情的時候切勿逃避退縮，特別是需要你去突破思維、去冒險的時候，還是要鼓起勇氣、多一點責任心，運用智慧去處理，將自己肩上承擔的責任歸屬劃分清楚，才不會使得團隊之間的感情碰上阻礙。

　　今年你也會想努力改善身材、變換造型，提升外表，讓自己看起來春風滿面。你會明白要當一個有實力的人，不是只憑著口頭上的能言善道，也要有周詳的規畫，一步一腳印的去執行。對於自己的工作十分有想法，可以確實掌握住事業上的成就，心裡的志向也會越來越遠大。在感情上，有機會遇見新對象，當你自信地展現自己的魅力時，你的戀愛運會更旺盛。如果想步入婚姻，雙方不妨再多做溝通，多建立彼此相處的默契。雖然會出現互相磨合的狀況，而且可能會歷經很多次動盪，但只要順從天意、順從自然，一切就會一帆風順。健康上要適時的調整飲食量及運動量，避免身體產生多餘養分，體脂肪。

　　射手座搭配外靈數【2、4、6】的你，2018 年是盡情發揮文采的一年，如果是記者、文案相關行業的人，會有很多讓你展現企劃能力與文案創意的機會。你的靈感豐沛，下筆有如神助，加上你對事物有很多獨特的見解，讓你更能被其他人看見。即使如此，對於整個人生的廣度、事業的格局，在今年都需要你再重新省思，學習回歸到最單純的角度，用最簡單、不複雜的視野，重新俯瞰你的人生。在金錢或事業的層面上，可能不一定能達到你希望的理想，但是成功的跡象已經浮現，你會為自己打下一個非常好的基礎。在做決策時遇上困難，最好能與幕僚團隊討論，接納、結合大家的意見，避免做出不合適的判斷。雖然形象很重要、社交很重要、完美也很重要，但依然會有細節需要去處理。

　　在感情方面，今年有跟穩定交往對象步上紅毯的想法。如果是單身的人，你會開始用不同的角度去欣賞異性，可能是觀察對方的才華、潛力，或是看他與父母的關係、交友狀態，甚至是他工作的態度。你會用有別於以往的方式觀察想選擇的對象，也因為如此，可能會遇到從前不會來電的伴侶。戀愛運或許沒有去年旺盛，但是會因為工作的關係，在職場上出現一些追求者，或是遇見異性的貴人。不過，已經有伴侶的人，請盡量避免讓感情變得複雜，或是讓他人趁虛而入，破壞原有的感情關係，才會比較順利一些。

　　射手座搭配外靈數【3、7、8】的你，2018 年宛如萬物重生般，你會去開創自己的事業，或是對事業有更多想法，你也知道該如何表現自己。不過，射手今年在感情與事業之間會產生一些拉扯，左右為難，因為魚與熊掌無法兼得，幸好在工作、財運上運勢不錯。本年度可能有很多接觸宗教的機會，無論是佛教、道教或其他身心靈的信仰，有很多上課的契機，將你內在的靈性提升到非常崇高的狀態，記得好好把握，千萬不要自我懷疑，不要因懶散而錯失建立某些連結的好機會。如果能即知即行、敢作敢為，就能贏得他人的尊重。

　　此外，今年可能會失去某些關係、或是有某些事情告一段落，無論是切割或告別，就禍福相倚的意義上來説，這也是一個可以扭轉情勢的良機。很多需要你去處理、去分析的事情，大多是別人的問題，你的肩上也扛了很多屬於別人的責任。雖然，這也有助於提升你的人際關係，但是當衝突發生時，請記得不要習慣性地挑剔或抱怨。要知道陰陽並濟，禍福相依，物極必反，千萬不要被眼前的波折所困，因此產生怨氣。問題發生，就是去處理跟解決，別陷入糾葛之中。處理事情一定要乾淨、乾脆，不要草率或拖泥帶水，因為這都可能影響到你事業或業務上的發展。

　　戀愛運非常旺盛，單身的人有機會遇見命定的緣分，有千里姻緣一線牽的良機出現，雖然你期待是一個能讓你為對方付出、為對方著想的戀愛的對象，不過，不委屈求全才是良好的感情態度。有伴侶的人則感情甜密、關係恩愛。多注意因心血管疾病所引起的皮膚問題。

摩羯座

Capricorn × 外靈數 1 ～ 9

12 月 22 日～ 1 月 19 日

CAPRICORN

2018 年整體運勢

　　對摩羯座來說，去年看似風光，內在卻嚐盡了心酸苦楚，還要隨時防護躺著也中槍的不定時炸彈偷襲，你生性低調加上土星的抑制，心靈盡是苦酒滿杯。2018 年木星進駐在共同資源 / 福德宮，享有滿格的福氣及貴人好運，你將跨越孤僻的本性，走入人際網絡，不再低調，你的提升與改變，引領著你終於走過那些痛過的曾經，都積累成了此刻的富有。

★ **事業運勢**：在事業上會有很多表現與進修的機會，也會願意多花時間經營
　　　　　　　　人際關係，在面臨突發狀況之際，別忘了借助東風的威勢，你
　　　　　　　　的思維柔軟了，所有的局面都將有突破性的發展。

★ **愛情運勢**：一向務實的你，今年內心特別渴求靈魂伴侶，有望結交知心且
　　　　　　　　相互扶持的情人。只是天王星影響了感情宮位，容易遇上稍縱
　　　　　　　　即逝的甜蜜。

★ **財運運勢**：財運有望回升，無論合夥生意也能獲得金錢上的回報，或是副
　　　　　　　　業或額外的收入增加，財運大豐收。

★ **幸運顏色**：綠色、青藍色

★ **幸運數字**：1、8

　　摩羯座搭配外靈數【1、6、7】的你，今年有很多發展的機會，是業務上拓展人脈的好時機，讓你的工作運勢大幅提升，尤其是業務或需要與人聯繫的工作類型，也有開發副業的機會。今年度的貴人很多，不論是異性或看似鮮少往來的人，都會出手相助。雖然還是會有辛苦的地方，但只要你能撐過去，理想都將如願以償，事業也會步步高升。不管外界情勢如何變化，你都有一種心情不安定、靜不下來的感覺。這種起伏的撩動，其實是在考驗你的創造力，考驗你是否有能獨當一面的能力或膽識。

　　有很多人覺得你的夢想太過天馬行空、太不切實際，但當你腳踏實地、從根基去執行它時，請好好把握這十足的元氣，賣力的往前衝刺，發揮你創造力的同時，記得運用你的好口才，來連結更多資源實現夢想。家運不錯，在家庭的支持和朋友的助攻下，許多事情都能如願以償，讓親人與家庭成為你的後盾，守住你的精氣神。

　　感情方面，雖然今年的戀愛機會很多，卻有一種稍縱即逝、曇花一現的感覺，這也讓你更渴望遇見靈魂伴侶，但此時不如靜觀其變，順其自然發展。有伴侶的人，會覺得兩個人的關係缺乏熱情與滋潤，這點要多加注意，雖然感情停停走走，但也不要太過擔心，所謂好事多磨，只要不急不躁的循序漸進，就會越來越好，順遂許多。要注意過敏問題，經常加班到半夜、只在早上洗澡、老是窩在床上吃東西……這些習慣都是會誘發過敏的狀況。

　　摩羯座搭配外靈數【2、4、8】的你，今年的貴人運非常好，是貴人滿滿的一年。尤其是在表演這方面的領域，假設你的職業是娛樂媒體、公關、銷售、業務等類別，都會得到許多人的幫忙，也會有很多表現的機會。利用工作之餘，你甚至可以多賺一筆，也不會影響到正職。這些額外的機會與工作，都是一種成長與學習，記得好好把握。只要有貴人相助，你的事業就會有所成就。

　　遇到一些比較激烈的爭執、一些比較不舒服的溝通，都能冷靜面對、不再感到棘手；無論工作或感情上的人際關係也越來越融洽。不要疑神疑鬼，也不要擔心輿論的評價，在發言時謹言慎行，在做事前三思而後行，都可以避免負能量的糾纏。也要提醒你，在工作上記得事緩則圓的道理，凡事要慢慢來，切勿急功近利、冒失莽撞，才能避免遭受失敗。雖然一些挫敗的經驗，會讓你覺得事情反反覆覆，彷彿在原地繞圈循環，但越是反覆無常，你就越要保持安定，氣定神閒、一步一步去處理，反而有機會能夠升官加薪。

　　在感情方面，單身者有機會遇到新的戀情，雙方要多溝通。已經有另一半的人，要謹慎看待給彼此的安全感，多與對方溝通協調，不要太自以為是，否則情人可能會受不了你的情緒跟脾氣而負氣離開。注意生理困擾所帶來的耳鳴問題，生理及情緒的負面反應。

　　摩羯座搭配外靈數【3、5、9】的你，本年度的重點在於：處理問題的細節，包括與人的對應，或是職場上的學習與升遷，你也會因此思考接下來想要做的事，發覺更多可能的問題。同時，你開始重視自己的社交生活，對你來說，學習與溝通的機會都很多，也為你帶來更多的契機。無論合作成功與否，都不要讓失敗打擊你的自信，不妨大膽的獨立行動，不用害怕表現是對或錯，反而會看到自己不一樣的呈現。

　　在工作上，在籌劃及擬定謀略時，一定要打穩根基，事情才能夠成功進行、名利雙收，千萬不要任性妄為。與人相處，記得要不卑不亢，不過於自傲，就會受人尊敬與喜愛，所以，千萬不要在小事上計較。做任何事之前請再三考慮，不要輕易答應對方；想拒絕，就要勇敢向對方說不。2018 對你來說是勞心勞力的一年，會有很多辛苦的地方，幸好運勢得以穩定發展，而且前途一片光明，事業組織也會日漸龐大，甚至超乎你的想像。過去以來的犧牲奉獻，在本年度終於獲得美好的收成，其實重點就在於你的根基，根基打得穩，才有蓬勃發展的本錢，讓事業的聲勢如日中天。當你有所收穫時，請記得好好去運用它、分配它，讓更多的人受惠、享用這份快樂。正因為你是一個大方豪爽、重義氣又重朋友的人，你的好運或收入才會隨之越來越強、越來越多。你收服的是人心，甚至是連金錢都買不到的忠心。

　　在感情方面，對現階段的你來說，事業才是你的重心，雖然想尋找談戀愛或結婚的對象，會想跟對方膩在一起，想要依賴他、陪伴他，也很希望對方能夠理解你的心事。但也因此產生很多兩難的掙扎，緣分還需再等待。

水瓶座

Aquarius × 外靈數 1 ～ 9

1月20日～2月18日

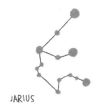
JARIUS

2018 年整體運勢

　　對水瓶座來說，木星眷顧著你的事業／官祿宮，你將渴望事業上的成就及社會地位的名望，土星位於潛意識宮，今年是挑戰自信與能耐的年度，勇於冒險與創新的你，盡情揮灑你的才華及天賦，只要能掌握契機，心無旁鶩地往前衝刺，就能擁有自己的舞台及發掘財源。這將是深層心靈召喚你完成天職任務的重要時刻，你將寫下值得記載的成功歷史。

★**事業運勢**：工作十分繁忙，挑戰也頗有難度，若對自己有所質疑，就會失去原本單純的理想和目標，也可能逐漸遠離屬於你的舞台與財富。

★**愛情運勢**：你致力於經營事業，時常忽略了感情，渴望安定的水瓶，今年也頗有機會。

★**財運運勢**：財運起伏不穩定，需留意收支不平衡，若加上缺乏自制力下，容易發生財務危機。需重新理財及節制開銷，金錢不能迷迷糊糊又瀟灑隨性，才能享有財富好運。

★**幸運顏色**：紅色、藍色

★**幸運數字**：1、5

　　水瓶座搭配外靈數【1、3、5】的你，即將揮別死氣沉沉的 2017。今年你極具靈感力，對很多事物產生新的念頭與想法，也會開始從務實的層面去分析事情。你會接觸到非常多的人、處理非常多的事，越是能在環境中訓練邏輯思考的能力，就越能發揮創意，開創你想要的未來。在 2018 年，水瓶必須面對挑戰。任性又堅持自我的你，不希望自己的信念受到別人的批評及評論，倘若能放下孤傲、放下脆弱的內在，會得到許多貴人的幫助。有離鄉背井、到外地白手起家的機會，更有許多擔任搭起橋梁的角色。不過，說話的機會越多，代表失言的機會也越多，可能引發口舌是非，或受流言蜚語的困擾；而你較為急躁的個性，也容易惹來閒言閒語，這是本年度要特別注意的地方。

　　具主見、很有自己的想法，不僅擁有與生俱來的天賦，也清楚自己想達到的目標，但如果缺乏自信，請記得，回歸本質與初心是很重要的事。只要發揮源源不絕的靈感，就能為你帶來豐厚的財富及收入，也能助你穩固根基。今年你渴望擁有金錢，不過越刻意追求，單純幫助他人時，財富反而源源而來。也就是說，當你深信自己的才華與能力可以幫助人，你的事業才會發展得好。

　　在感情方面，可能會有新的緣分出現，不妨先判斷對方是不是你想要的另一半，如果感覺喜歡，可以給自己一個戀愛的機會，在交往過程中感受自己對伴侶和未來生活的憧憬是什麼樣，才會遇到相互扶持的好對象。注意腸胃的問題，會常拉肚子、脹氣與緊張焦慮、急躁易怒、心情低落。

　　水瓶座搭配外靈數【2、6、9】的你，2018 年不是非常順遂，也有很多痛苦之處，在自我、時間與健康上，可能都得有所犧牲。你有大半的時間都在幫助別人，必須花費比別人更多時間達成目標，但切記不要抱怨，也不要心懷怨恨，適合了結與他人的宿怨，越是學習放下，提升自己的智慧，事業就會越來越成功。另外，只要做好分內之事即可。雖然，今年要兼顧工作與家庭很辛苦；不論是把力氣花在工作上，或是準時下班回家，都會遭到家人或工作夥伴的微詞，讓你渴望有發洩舒壓的管道。只要你在各方面打好基礎、確實累積成就感，不要想太多，去承接你本來就有的好運氣，就算每個領域只進步 20 分，也能在穩固又保守的狀態裡，用信念克服一切。

　　不管是提升專業領域、發展副業所需，或是公司考核、轉單位或轉職，都是不錯的時機。雖然你對改變心懷恐懼，渴望從中尋求規律，但今年的學習能幫助你發掘自我，也能找出更有效率且順暢的工作方式。不過，你仍會擔心自己能否獨立自主、有能力勝任。其實你也需要被照顧、被關注，甚至是被尊重的，如果一直忽視內在的感受與需求，就會持續處於分裂的狀態，也會感到心浮氣躁。幸好，你身邊會有知音的扶持與幫助。

　　在感情方面，你會覺得愛神邱比特似乎忘了自己，緣分怎麼總是在最後一刻才出現？只要可以堅持到最後，經得起挫折的歷練，終究能碰上屬於你的真命男神或女神。在健康方面，可能舊疾復發或有小病纏身，要特別注意養身，不然所有的問題會變得更加艱鉅。

　　水瓶座搭配外靈數【4、7、8】的你們，是水瓶中最絕頂聰明的組合，今年你也遇到了自我挑戰的課題，最怕的就是因為太過懶散而失去機會，也會因為過度要求細節、有一些無謂的堅持，而難以逆轉情勢。對水瓶來說，要做出決定，就必須先徹底完全的想通，但讓你感到辛苦的就是這一點，你會像在天秤的兩端搖擺不定，很難抉擇，無法以開放的心胸嘗試新事物或是與他人分享。你與親人之間明明就有往來，你卻不願意親密融洽的相處；煩惱都是自己招惹來的，這樣很辛苦。

　　2018 年，封閉的水瓶會有一種想突破、想改變，卻又不知門路的感覺，在自知要看開、要想通，以及不知道該用什麼方法之間糾結。不過，今年還是會有很多新的機會出現，一定要多下工夫才能獲得成績。而且從流年運勢來看，你的貴人運非常強，最終都能逢凶化吉。

　　在感情方面，今年的戀愛運不算強，已婚或有伴侶的人，情感可能會有一些變化，需修正自己強硬的脾氣與無謂的堅持。最大的課題就是「自己」。可能是家人對你的情人意見較多，此時不妨仔細思考，自己想要什麼樣的對象、交往的主導權該掌握在誰手上，就會更清楚該如何做。要少吃煎炸的食物，適當的休息與放鬆自己。

雙魚座
Pisces × 外靈數 1 ～ 9
2 月 19 日～ 3 月 20 日

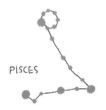

PISCES

2018 年整體運勢

　　對雙魚座來說，木星走入你的海外哲學 / 遷移宮，今年是發揮靈性及天賦的一年，彷彿天使降臨，你擁有雙倍的潛力，催促著你趕上自我進化的列車。今年會啟發許多新視角及站在社會觀點閱讀整個世界，海外機運旺盛，有利跨國、跨領域的發展，將為你奠定穩固而完美的基礎。

★ **事業運勢**：犧牲奉獻許多心血在事業、學業或學習各方面，竭盡所能地發揮畢生所學，不斷突破自我挑戰下，你的夢想版圖終於化為實際，清晰可見。

★ **愛情運勢**：今年渴望遇上願意疼惜自己的對象，列下了務實的擇偶條件，你開始想要善待自己。

★ **財運運勢**：土星位於第 11 宮，仍然有財務上的緊張與壓力，今年能享有金錢上不錯的好運，渴望在財務上獲得支持，也能從朋友圈中獲得理財上的助益。

★ **幸運顏色**：白色、橘色

★ **幸運數字**：2、6

　　雙魚座搭配外靈數【1、5、8】的你，過去總是自由自在、灑脫的雙魚，在今年開始變得很敏感，變得更願意正視他人的重要性，也願意放下自我。你會察覺到許多痛苦或不愉快的情緒，都是擾人且自擾的，希望擺脫它們，並成為一個能帶給別人快樂的人。無論內在或外在，都是在學習無私課題。除了專注於實現自己的夢想和理想之外，你會發現幫人撫平傷痛、去除壓迫，為大家帶來一些歡樂，是你該做的事；甚至，你會開始喜歡接觸人群、接觸孩童。

　　2018 年是代表變動、連結的一年，因此無論哪個星座，都會有許多離鄉背井的機運出現，這也是每個人互相產生連結的好時機。對雙魚來說，連結也是今年流年運勢的一個重點，可能是在靈感上、事業上或想法上、創意上等各方面與人產生連結，可以好好把握。向來習慣慵懶，但今年一定要切記：不能偷懶。要敞開心胸去嘗試新事物、認識新朋友，或是分享新的觀念。一旦抱持開放態度，就不會覺得自己被環境所困，可以勇於面對問題、解決問題，而非一味的提出質疑；切記不要去充當媒人和保人，以免惹來麻煩和煩惱。

　　在感情方面，不需要勉強與另一半湊合彼此，如果在觀念上有所差異，就不要過於執著、強求緣分；如果是能夠主動去挑戰、開創的新緣分，那就值得好好珍惜。建議放下多疑、過於敏感細膩的想法，去珍惜新的戀情與緣分，或許會有不錯的發展。在健康上，宜多補充水分，多起來動一動走一走，有助身體的血液循環。

　　雙魚座搭配外靈數【2、7、9】的你，情感關係是你今年的重點課題，而「關係」向來是雙魚座最在意的事，也是雙魚的關鍵任務。由於自我內在的覺醒，你會變得務實許多，開始正視自己要的是什麼，而這也是你在事業上的心聲。在這一年，只要你能夠放下內心的一些堅持，發揮你的智謀，靈活地隨機應變，就能面面俱到的去處理所有的問題與關係，可以用最小的力氣獲得最大的效益，事半功倍、甚至名利雙收。

　　雙魚的外在阻礙其實比較少，很多問題是出自於內在的不安全感，或者是想太多、顧慮太多所引起。你總是只想到自己，以自己為出發點，但在今年，「自己」不再是最重要的事情。因為，你得去關心你想經營的關係到底是什麼？個性率直的雙魚很有想法與傲氣，容易引起是非與不快，甚至使得好事多磨。試著誠心誠意、站在對方立場想，你會發現這樣做，能為你帶來事半功倍的好運。在這一年中，你會慢慢感受到內在的豐足，遇上新的機會、新的開始時，你更能得心應手的去把握，彷彿自己已為此練習了多年。

　　在感情方面，今年的狀態就是分分合合，面對不穩定的關係，你必須慢慢磨合，不要過度勉強，不適合必然分離，合得來的自然可以繼續走下去。單身者會因為社交圈、人脈上的拓展，有機會遇見新的對象。但當你一步一腳印去達成事業上的目標時，想要穩定下來、步入婚姻家庭的念頭也會隨之萌生，記得，你只要別三心二意，或過於挑剔、吹毛求疵，都是有可能成功的，而且越到年底、好事就會越靠近你。如果能細心經營，就不會面臨分離，即使有不順遂與摩擦也是正常。只是，你會在心中計較自己付出與回報的得失，而開始向對方抱怨、自覺辛苦，並渴望獲得更多的安全感與需求。

　　雙魚座搭配外靈數【3、4、6】的你，2018 年的重心會放在事業與賺錢這部分。雖然你十分重視人際關係，但今年在關係的經營上卻有種力不從心的感覺，必須運用睿智判斷哪些關係該開始或結束、哪些人才是自己的助力，這點讓你感到很辛苦。長期勞心勞力，今年對工作充滿了倦怠感，會萌生想好好休息、沉潛後再出發的念頭，也會思考自己的下一步、下一個目標在哪裡。其實，這是很正常、很合理的軌跡只要你願意重新善待自己、寵愛自己，從自身的狀態去思考，就一定可以找到你的目標。你是個很有智慧的人，心地善良仁慈，卻也不要太過多疑，只需要注意防範意外狀況的發生。同時，請記得物極必反的道理，在最得意風光的時候，要懂得適可而止；而熱心公益、慈善捐款，都可以讓你的好運繼續維持。一句提醒：只要熬過去，機會就是自己的。如果無法排解心中的壞情緒與怨恨，你的世界就會是一個充滿負面情緒的世界。在事業方面有新的契機，不過，你可能得先付出一些金錢上、或其他的潛在投資。而把握與否，需要靠你的智慧做出明確判斷，切記，一定要量力而為，不要打腫臉充胖子。

　　在感情方面，事業上的衝擊會讓你與另一半經常發生爭執，也會有許多難以遷就的部分，請小心拿捏，千萬別讓工作影響了你的感情關係、家庭關係，這點要特別注意。單身的人，追就對了。注意脊椎關節的問題，久坐跟不運動，讓你飽受腰部疼痛之苦，如果能多拉拉筋，每一個小時起來動一動，相信對腰部以下可以得到有效的舒緩。

玩藝 60

艾莉絲的靈數密語：

結合數字與占星，搶先報 2018 運勢，透過內外靈數解開困惑人生的終極密碼

作　　　　者 — 艾莉絲
人 物 攝 影 — 子宇影像有限公司
主　　　　編 — 汪婷婷
編　　　　輯 — 施怡年、汪婷婷
責 任 企 劃 — 汪婷婷
封 面 設 計 — 季曉彤
內 頁 設 計 — 吳詩婷

第 三 編 輯 部
總　編　輯 — 周湘琦
發　行　人 — 趙政岷
出　版　者 — 時報文化出版企業股份有限公司
　　　　　　10803 台北市和平西路三段二四〇號二樓
　　　　　　發 行 專 線 —（〇二）二三〇六八四二
　　　　　　讀者服務專線 — 〇八〇〇二三一七〇五
　　　　　　　　　　　　　（〇二）二三〇四七一〇三
　　　　　　讀者服務傳真 —（〇二）二三〇四六八五八
　　　　　　郵　　　　撥 — 一九三四四七二四時報文化出版公司
　　　　　　信　　　　箱 — 台北郵政七九～九九信箱
時 報 悅 讀 網 — http://www.readingtimes.com.tw
電 子 郵 件 信 箱 — books@readingtimes.com.tw
第 三 編 輯 部
生 活 線 臉 書 — http://www.facebook.com/ctgraphics
法 律 顧 問 — 理律法律事務所　陳長文律師、李念祖律師
印　　　　刷 — 勁達印刷有限公司
初 版 一 刷 — 二〇一八年一月五日
初 版 二 刷 — 二〇一八年一月二十九日
定　　　　價 — 新台幣三六〇元

ISBN 978-957-13-7210-5
Printed in Taiwan

艾莉絲的靈數密語 ／ 艾莉絲著. -- 初版. --
臺北市：時報文化, 2018.1
面；公分 -- (玩藝；60)
ISBN 978-957-13-7210-5 (平裝)

1.占卜 2.數字 3.占星術

292.9　　　　　　　　　　106020304

特別感謝

 時報文化出版公司成立於 1975 年，並於
1999 年股票上櫃公開發行，於 2008 年脫
離中時集團非屬旺中，以「尊重智慧與
創意的文化事業」為信念。

《悅讀俱樂部會員大募集》
回函活動

想知道時報出版最新最快的新書資訊及活動嗎？現在只要您完整填寫讀者回函內容並寄回時報文化，我們將優先通知您參與我們所規劃的內容，為了答謝您對時報文化的支持，將送給您入會小禮物一份，數量有限，歡迎儘早寄回！

【讀者資料】

姓名：＿＿＿＿＿＿＿＿＿＿　□先生　□小姐

年齡：＿＿＿＿＿＿＿＿＿＿　職業：＿＿＿＿

聯絡電話：（H）＿＿＿＿＿＿　（M）＿＿＿＿＿＿

地址：□□□＿＿＿＿＿＿＿＿＿＿＿＿＿＿

E-mail：＿＿＿＿＿＿＿＿＿＿＿　（請務必完整填寫、字跡工整）

注意事項：
本問卷須以正本寄回，不得影印使用。
本公司保有活動辦法之權利。
若有其他疑問，請洽客服專線：02-23066600#8219（汪小姐）

＊您購買《艾莉絲的靈數密語》本書的原因？

＿＿＿＿＿＿＿＿＿＿＿＿＿＿＿＿＿＿＿＿＿＿＿＿

＊請問您在何處購買本書籍？

□誠品書店　　□金石堂書店　　□博客來網路書店　　□其他網路書店

□一般傳統書店　□量販店　　□其他＿＿＿＿＿＿＿＿＿

＊您從何處知道本書籍？

□一般書店：＿＿＿＿＿＿　□網路書店：＿＿＿＿＿＿＿

□量販店：＿＿＿＿＿＿＿　□報紙：＿＿＿＿＿＿＿＿＿

□廣播：＿＿＿＿＿＿＿＿　□電視：＿＿＿＿＿＿＿＿＿

□網路媒體活動＿＿＿＿＿＿　□朋友推薦＿＿＿＿＿＿＿

□其他＿＿＿＿＿＿＿＿＿＿＿＿＿＿＿＿＿＿＿

＊您是否同意收到我們發送給您的訊息？　　□同意　　□不同意

艾莉絲
的靈數密語

Iris's
Magic Numerology!

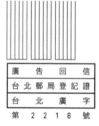

時報出版

廣　告　回　信
台 北 郵 局 登 記 證
台　　北　　廣　　字
第　2　2　1　8　號

時報文化出版股份有限公司
108 台北市萬華區和平西路三段 240 號 2 樓
第三編輯部 收